물뿌리개를
손에 쥔

원
숭
이

Der Affe mit der Gießkanne –
Buddhistische Geschichten in 52 Wochen:
Für mehr Achtsamkeit, Selbstreflexion und Glück im Alltag
Original edition first published
by ROHANS VERLAG in 2023, Germany
Copyright ©2023 by Michael Steinwand

# 물뿌리개를 손에 쥔 원숭이

52가지의 불교 우화: 일상에서의 마음 챙김, 자기 성찰과 행복을 위하여

**초판 1쇄 인쇄** 2024년 2월 27일

**초판 1쇄 발행** 2024년 3월 8일

—

**지은이** 미카엘 슈타인반트

**옮긴이** 원당희

**펴낸이** 이방원

**책임편집** 배근호 　　　**책임디자인** 양혜진

**마케팅** 최성수·김 준 　　　**경영지원** 이병은

—

**펴낸곳** 세창미디어

신고번호 제2013-000003호　　주소 03736 서울시 서대문구 경기대로 58 경기빌딩 602호

전화 02-723-8660　팩스 02-720-4579　이메일 edit@sechangpub.co.kr　홈페이지 http://www.sechangpub.co.kr

블로그 blog.naver.com/scpc1992　페이스북 fb.me/Sechangofficial　인스타그램 @sechang_official

—

**ISBN** 978-89-5586-802-9　03220

ⓒ 원당희, 2024

물뿌리개를
손에 쥔

원숭이

52가지의 불교 우화
일상에서의 마음 챙김, 자기 성찰과 행복을 위하여

미카엘 슈타인반트 **지음** | 원당희 **옮김**

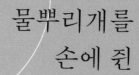

**세창미디어**
MEDIA

"그대들은 열심히 행하라,
여래는 단지 선언하는 자이다.
길을 가는 님, 선정에 드는 님은
악마의 속박에서 벗어나리라."

(『법구경』 20장 길의 장道行品, 276)

## 서문

누군가가 부처에게 미심쩍어하며 물었습니다. "수행을 통해 무엇을 얻으셨습니까?"

부처는 대답했습니다. "전혀 얻은 것이 없습니다."

상대방은 계속 물었습니다. "그렇다면 왜 그 길을 계속 가십니까?"

부처는 미소를 지으며 말했습니다. "이 길을 따라간 이후로 병, 울화, 우울, 불안, 노년의 짐, 죽음에 대한 두려움이 사라졌습니다. 이것이 수행에서 얻은 행복입니다. 그 길은 우리를 깨달음으로 이끕니다." (출처: 『법구경』 중에서)

### 이 책은 누구를 위해 쓰였을까?

여러분은 항상 시간에 쫓기는 느낌을 받습니다. 게다가 가족과 일로도 바쁜 개인적 일상 속으로 매일같이 정보의

홍수가 쏟아집니다. 핸드폰, 태블릿, 텔레비전, 노트북의 화면은 여러분의 눈앞에 사건 사고를 연이어 보여 줍니다. 모든 것이 여유로운 삶의 반대입니다. 여러분은 스트레스를 받고, 신경이 곤두선 채 과도한 요구에 시달리고 있습니다. 그리고 여러분은 자신에게 물어볼 겁니다. "소박한 삶이라는 게 원래 뭐였지? 정신 건강과 좋은 인간관계, 휴식과 차분함은?"

저는 모든 사람이 이런 상태를 갈망한다고 확신합니다. 그리고 여러분이 이미 이를 이루셨다면, 진심으로 축하합니다. 그러나 이 중에서 뭔가 부족하다면 어떨까요? 우리는 거의 모든 시간을 외부에 집중하고 있습니다. 한 번이라도 평온을 찾고 우리의 삶을 성찰하려면, 우리는 주변 세상과 서서히 단절하고 시선을 내면으로 향해야 합니다. 하지만 도대체 언제 삶에 대해 사색하고, 언제 조금이라도 우리 자신과 대면할 수 있을까요?

## 이야기를 읽는 것은 왜 긍정적인 효과를 가져올까?

흥미로운 이야기를 읽을 때 사람은 마음이 가장 편안해집니다. 더욱이 교훈적인 이야기라면 더 마음이 풍요로워지지요. 여러분은 언제 마지막으로 이야기로부터 인생의 교훈을 얻었나요? 부처의 지혜를 배울 수 있도록 이 책으로 여러분을 초대합니다. 여러분은 부처의 지혜로 삶의 새로운 통찰을 얻을 것입니다. 걱정하지 마세요, 불교에 대한 사전 지식이나 공부는 필요하지 않습니다.


## 이 책에서 무엇을 기대할 수 있을까?

고대 인도에서도 부처의 지혜는 삶의 방향을 제시하는 안내서로 이용되었습니다. 이 책은 52가지의 불교 이야기로 이루어져 있습니다. 매주 하나를 읽는다면 1년이 걸리겠네요. 이 이야기들은 500개 이상의 전승된 이야기 중에서 엄선되었고, 부처의 생애에서 도덕적 가르침이 담긴 이야기와 부처의 전생에서 유래한 우화로 구성되어 있습니다. 이것들은 약 2,500년 이전의 이야기들로, 기원전 약 563~483년에 살았던 고타마 싯다르타에 의해 전해진 팔리어 대장경 자타카에 기초합니다.


## 부처가 오늘날까지 우리에게 주는 가르침은?

이야기의 원본을 제대로 이해하기 위해서는 몇 가지 사전 지식과 불교 용어를 알 필요가 있습니다. 주로 긴 액자

형식과 운문의 반복으로 이루어져 있지만, 이는 핵심적인 내용과는 관계가 없습니다. 몇 가지 이야기와 주인공은 현대적인 시선에서 조금 시대에 뒤떨어진 느낌을 주기도 하지만, 오늘날에도 여전히 소중하고 가치 있는 진실을 전달합니다. 이 보물을 보존하고 알리기 위해 현대의 독자들이 읽기 쉽도록 본래의 이야기를 축약·편집했습니다. 원본에 관심이 있다면 책의 끝에서 참고 문헌 목록을 통해 원문을 찾을 수 있습니다.

## 이야기들의 선정 기준은?

한편으로 세상에 널리 알려지지 않은 이야기를 선정하는 일이 중요했습니다. 그러나 다른 한편으로는 선정한 이야기 속에 이 시대에도 어울리는 귀중한 교훈이 들어 있어야 했습니다. 가능하면 많은 사람이 이야기에서 뭔가 공감을 얻을 수 있도록, 무엇보다 사랑, 가족, 행복, 욕망과 증오와 같은 보편적 주제를 뽑아내는 데 심혈을 기울였습니다.

## 이야기에서 부가적으로 얻을 수 있는 것은?

저는 스스로를 단지 이야기의 전달자로만 생각하지 않

습니다. 저는 여러분에게 이야기를 들려줄 뿐 아니라, 그 후에도 무엇인가를 더 주고 싶습니다. 그렇기에 저는 이야 기가 끝날 때마다 여러분이 이야기로부터 어떤 지혜를 배 울 수 있는지 되돌아볼 시간을 마련했습니다. 동시에 저는 제 생각을 매번 이야기가 시작하기 전에 요약해 두었습니 다. 그렇다고 여러분이 그것에 동의할 필요는 없습니다. 저 는 여러분이 종종 저와는 다른 견해를 가질 수 있다고 생각 합니다. 제가 마련한 토론의 장에 참석하여, 여러분의 생각 을 알려 주세요.

한 가지 덧붙이자면 저는 제 삶에서 개인적으로 불교 이 야기와 연결되는 일화들을 통해 현시대에 통용되는 사고 의 접점을 찾아보려고 합니다. 일화들을 저의 경험에서 골 랐지만, 이야기의 주제와 언제나 직접 부합되는 것만은 아 닙니다. 이따금 우리는 사고의 틀에서 조금 벗어나야 합니 다. 그래야 여러분의 시야가 확대되고, 사고의 틀을 깨트 릴 수 있으며, 여러분에게 더 넓은 성찰의 계기가 될 것입 니다.

또한 어떻게 하면 삶의 지혜를 여러분의 일상으로 통합 할 수 있을지 영감을 불어넣기 위하여, 저는 매번 이야기 끝에 몇 가지 성찰적인 물음, 생각할 거리나 행동 제안을 한 주의 목표 형식으로 제시할 것입니다.

끝으로 다음 좌우명에 충실하기를 바랍니다. "그대들은

열심히 행하라. 여래는 단지 선언하는 자이다. 길을 가는
님, 선정에 드는 님은 악마의 속박에서 벗어나리라."

질문이 있거나 저와 의견을 나누고 싶다면,
E-Mail info@rohansverlag.de.로 연락해 주세요.

# 차례

# 제1화

## 헛소동

"타인의 말에만 의존하고 아무것도 묻지 않는
사람은 쉽게 길을 잃는다."

해안가에 깊은 숲이 있었습니다. 그곳 사과나무 뿌리 근처 종려나무 덤불 속에 한 토끼가 살았습니다. 이 친구는 매우 겁이 많아서 항상 이런저런 근심에 싸여 있었지요. 그러던 어느 날 토끼가 풀을 먹고 덤불 속 굴로 돌아왔을 때, 이런 생각이 들었습니다.

'만약 오늘 세상이 멸망한다면, 어디로 피해야 하지?'

그 순간 사과나무에서 사과 하나가 종려나무 잎사귀 위로 떨어져 "쿵" 소리가 났습니다. 겁쟁이 토끼는 깜짝 놀랐습니다. '이제 그 시기가 왔구나, 세상이 멸망하나 봐!' 이런 생각이 머릿속을 스쳤고, 토끼는 겁에 질려 얼른 굴에서 달려 나갔습니다.

그러자 이웃에 사는 토끼가 이를 보고 외쳤습니다. "무슨 일이야? 왜 달려가는 거야?" 그러나 토끼는 대답하지 않고 계속 달려갔습니다. 이웃 토끼가 앞에 가는 토끼를 따라잡자 다시 물어보았습니다.

"말 좀 해 보라고! 무슨 일이야? 도대체 왜 도망치는 거야?"

겁먹은 토끼는 멈추지 않고 대답했습니다. "세상이 멸망하고 있어!"

토끼는 세 번째와 네 번째 토끼 옆을 지나가며 세상이 멸망한다고 외쳤습니다. 이 소식을 들은 천 마리 넘는 토끼들이 그들에게 합류해 함께 도망쳤습니다. 얼마 지나지 않아 가젤, 멧돼지, 무스, 물소와 황소, 코끼리 등 다른 동물들도 토끼 무리와 합류했지요. 마침내 온갖 동물들의 거대한 무리가 숲 밖으로 뛰쳐나와 달려가기 시작했습니다.

하지만 나이 든 사자가 공포에 사로잡힌 무리를 만나 그 이유를 물었습니다.

그러자 사자는 생각했습니다. "내가 이토록 오래 살면서도 세상이 멸망한다는 소리는 들어 본 적이 없어. 내가 끼어들지 않으면, 이 정신 나간 놈들이 절벽을 넘어 바다로 뛰어들 판이야."

사자는 무리를 따라잡기 위하여 있는 힘껏 달렸습니다. 이어서 사자는 언덕 위로 뛰어올라 큰 소리로 울부짖었습니다. 그러자 동물들이 모두 놀라서 멈춰 섰습니다.

사자는 무리 사이를 걸으며 물었습니다. "이봐, 너희들 도대체 왜 그러는 거야? 왜 미친 듯이 도망가는 거냐고?"

"아직 못 들었어요? 세상이 멸망한다잖아요." 몇몇 동물이 대답했습니다.

"그래, 누가 그런 말을 했는데?" 사자가 궁금해서 물었습니다.

이때 동물들 사이에서 누군가 이렇게 말했습니다. "코끼리들이 그러던데요."

사자는 코끼리들에게 다가섰습니다. "그걸 어떻게 알고 있는 거지?"

코끼리 중 한 마리가 대답했습니다. "글쎄요, 우리는 호랑이들에게서 들었을 뿐인데요."

이때 호랑이가 대답했습니다. "우리는 모르고요. 황소에게서 들었어요."

하지만 황소는 물소를 가리켰고, 물소는 멧돼지들을 가리켰습니다.

이제 두 무리만 남았을 때, 가젤들이 말했습니다. "토끼들이 제일 먼저 그렇게 말했어요."

"그렇다면 토끼 중 누가 제일 먼저 그렇게 말했지?"

그러자 토끼들이 겁쟁이 토끼를 가리켰습니다.

사자가 겁쟁이 토끼에게 다가서며 물었습니다. "네가 세상이 멸망한다고 주장했어?"

겁쟁이 토끼는 고개를 격하게 끄덕였습니다. "그걸 네가 어떻게 알아?"

"제가 들었어요! 제 두 귀로 말이에요!" 겁쟁이 토끼가 대답했습니다.

"어디서 들었는데?"

"나무 아래 제 굴 안에서요."

"그곳이 어딘지 내게 보여 줘. 내가 가서 살펴볼 테니까." 사자가 토끼를 다그쳤습니다.

그러면서 사자는 "너희는 모두 여기 남아 있어, 곧 돌아올 테니"라고 말했습니다.

토끼는 사자의 등에 올라탔고, 그들은 토끼 굴로 향했습니다. 도착한 후 토끼가 설명했습니다.

"저는 종려나무 덤불 아래 누워 있었는데 갑자기 큰 소리가 났어요. 그때 세상이 멸망한다는 걸 알았어요." 사자는 덤불을 조사하고 나무를 올려다보았습니다.

마침내 사자가 말했습니다. "네 굴 위 종려나무 잎새에 사과가 떨어졌을 테지. 겁많은 너는 그 소리를 듣고 깜짝 놀랐을 테고."

토끼는 잠시 생각하더니 무안하여 머리를 긁적였습니다.

그러자 사자는 얼른 돌아가 다른 동물들에게 그 상황을 설명했습니다.

"너희들은 더 이상 걱정하지 않아도 돼. 세상은 멸망하지 않아. 이 일은 그저 헛소동에 불과해."

**개인적인 일화**

보통 6시 25분에 핸드폰 알람이 울립니다. 그러면 저는 반사적으로 스마트폰을 손에 쥐고 알람을 끄려고 합니다. 그러면 이미 사고, 위기, 시위에 대한 알림이 떠 있습니다. 유감스럽게도 저의 하루가 이런 식으로 시작되곤 합니다. 커피를 마시는 동안, 소위 세계 멸망이라는 먹구름이 머리 위로 모여듭니다. 날씨 앱에서도 오늘 천둥 번개가 친다고 하는군요. 부정적인 소식은 더 강렬하게 느껴지고, 기억에 오래 남습니다.

이 현상을 학술적으로 '부정성 편향Negativity Bias'이라고 한다더군요. 대부분의 근심이나 걱정은 근거가 없습니다. 우려했던 문제는 일어나지 않기 때문이죠. 저는 장화를 신고 비옷까지 걸친 후, 우산을 들고 집을 나섰습니다. 그러나 막상 밖에는 구름 한 점 없이 햇볕이 쨍쨍 내리쬐더군요.

**되돌아보기**

ㅇ 나는 다수가 옳다고 하는 일에 아무 생각 없이 따라가지는 않았을까?

ㅇ 나는 새로운 정보를 만나면 의심부터 먼저 할까, 아니

면 일단 우호적으로 대할까?

○ 부정적인 소식은 내 삶에 어떤 영향을 미쳤을까?

 **한 주의 목표**

---

나는 매체 이용을 줄이고, 하루에 한 번만 뉴스를 찾아볼 것이다.

나는 한 주 동안 모든 소셜 미디어 활동을 포기할 것이다.

"부정성 편향"에서 벗어나기 위해 나는 오늘 읽고 들었거나, 직접 경
험한 긍정적인 세 가지 사항을 기록할 것이다.

# 제2화

# 아들을 위한 줄다리기

"사랑이 가득한 사람은
남에게 피해를 끼치지 않는다."

한 어머니가 두 살배기 아들과 목욕하려고 연못에 갔습니다. 어머니는 아들을 씻긴 후 물가에 놓아둔 목욕 수건 위에 앉혔습니다. 이어서 자신도 씻기 위해 연못 속으로 들어갔습니다. 이때 갑자기 물가에 웬 낯선 여자가 나타났습니다. 낯선 여자는 먼저 어린아이를 바라보더니, 곧 어머니에게로 시선을 옮겼습니다.

"참 예쁜 아이로군요. 댁의 아들인가요?" 낯선 여자가 이렇게 묻자, 어머니는 머뭇거리며 고개를 끄덕였습니다. 그런데 낯선 여자가 급히 물가의 아들에게 다가섰고, 어머니는 이상하다는 생각이 들어 얼른 물 밖으로 나왔습니다. 그 순간 낯선 여자는 아들의 손목을 붙잡더니, 아들을 재빨리 끌고 갔습니다.

어머니는 놀라서 외쳤습니다. "이봐요, 내 아이를 놓아줘요!" 어머니는 아이를 유괴하려는 여자를 맨발로 급히 따라갔습니다. 사람이 붐비는 장터에 도착하자 어머니는 이내 낯선 여자를 따라잡고는, 아들의 다른 손목을 움켜잡았습니다.

이렇게 두 여자는 아이를 서로 잡아당기며 실랑이를 벌였습니다. 그러자 장터의 상황을 주시하던 마을 이장이 다가와 두 여자의 다툼에 끼어들었습니다.

"대체 여기서 무슨 일이요? 왜 아이를 두고 다투고 있소?" 나이가 지긋한 마을 이장이 내막을 물었습니다.

두 여자는 더 이상 잡아당기지는 않았지만, 여전히 아이의 손목은 놓지 않았습니다.

낯선 여자가 이렇게 주장했습니다. "이 아이는 내 아들인데, 이 여자가 아이를 훔쳐 가려고 해요!"

그러자 아이의 어머니가 강하게 항변했습니다. "그렇지 않아요! 이 아이는 내 아들이에요. 이 여자가 유괴범이라고요!"

마을 이장은 턱수염을 쓰다듬으며 물었습니다. "두 사람 주장이 똑같구먼. 도대체 누구를 믿어야 한단 말인가? 내가 판단해 볼 테니, 두 사람은 내 판단에 동의하겠소?"

낯선 여자가 되물었습니다. "좋아요, 그렇지만 어떻게 결정하실 거죠?"

아이의 어머니는 한마디도 하지 않았습니다. 마을 이장

은 지팡이를 가져와 땅바닥에 선을 그었습니다.

"아이를 이 선 중앙에 세워 두는 거요. 그런 다음 한 사람은 아이의 손을 잡고, 다른 한 사람은 아이의 발을 잡으시오. 두 사람 중 아이를 완전히 자기 쪽으로 끌고 오는 사람이 아이를 데려가도 좋소." 노인이 설명했습니다.

그러는 사이에 많은 행인과 장사꾼들이 두 여자와 아이, 마을 이장 주변으로 몰려들었고, 상황을 긴장한 눈초리로 지켜보고 있었습니다. 두 여자는 이장의 지시에 따라 아이를 잡아끌기 시작했습니다. 아이를 세게 끌면 끌수록, 아이는 아파서 더 크게 비명을 지르며 울었습니다. 어머니의 가슴은 너무 쓰라렸고, 아이를 손에서 놓고 말았습니다. 반면에 낯선 여자는 아이를 재빨리 자기 쪽으로 끌어당긴 후, 의기양양하게 웃었습니다.

이때 이장 노인이 "잠깐!"이라고 소리치며 지팡이를 높이 들어 올리는 것이었습니다. 그러더니 구경꾼들을 향하여 물었습니다. "아이가 고통스러워하면, 어머니의 가슴은 어떻겠소? 쓰라리지 않겠소?"

"물론 쓰라리고 말고요!" 모여 있던 사람들이 이구동성으로 외쳤습니다.

"그러니 여기서 아이의 진짜 엄마가 누구겠소? 아이를 놓아준 여자겠소, 아니면 아이를 끌어당긴 여자겠소?" 이렇게 이장 노인이 다시 물었습니다.

구경꾼들이 답했습니다. "그야, 아이를 놓아준 여자지요!"

"이것으로 결정은 난 것이요!" 그러면서 이장 노인이 낯선 여자에게 아이를 놓아주라고 명했습니다.

그녀는 이장의 지시에 따라 아이를 놓아주고는, 몇 걸음 뒤로 물러섰습니다. 어머니는 안도의 숨을 내쉬며 아이를 품에 안고, 기쁨의 눈물을 흘렸습니다.

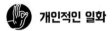 **개인적인 일화**

할머니가 갑자기 돌아가신 후, 저의 두 고모는 어린 시절에
아이가 없던 양부모에게서 오랫동안 살았습니다. 어린 두
고모는 양부모 밑에서 만족하고 행복한 나날을 지냈습니
다. 어느 날 할아버지는 본인의 의사는 무시한 채 큰고모를
다시 집으로 데려왔습니다. 작은고모는 그 이후로 자신도
사랑하는 양부모와 헤어지게 될까 봐 항상 근심하며 지냈
습니다.

종종 자기 자신을 위해 다른 사람의 욕구를 무시한다면, 그
것은 개인적인 이기심일 뿐입니다. 반려자, 특히 자기 자식
들에 대한 조건 없는 사랑이란 적절한 시기에 그들을 놓아
줄 수 있는 것을 의미하기도 합니다.

 **되돌아보기**

○ 부득이한 상황이 닥친다면, 나는 사랑하는 사람을 놓
   아줄 수 있을까?

○ 놓아주더라도 긍정적으로 생각한다면 그것은 어떤 상
   황이어야 할까?

○ 어째서 나는 이 사람에게 작별을 고하려고 할까?

 **한 주의 목표**

이번 주에 나는 사랑하는 사람을 놓아주는 일에 대해 깊이 생각해 볼 것이다. (예. 독립, 해외 체류, 작별 혹은 절연, 사랑하는 사람의 죽음 등)

마음이 무거워지면, 나는 그 상황을 인지하고 그 상황에서 벗어나고자 노력할 것이다. 그리고 긍정적인 생각을 떠올릴 것이다.

매일 아침 거울 앞에서 미소를 지으며 긍정적인 생각을 말로 되뇔 것이다. 처음에는 힘들지라도, 긍정적인 생각을 말하는 것을 넘어 이를 믿을 것이다.

## 제3화

# 사막에서의 지혜

"자기 이익만을 탐하는 사람은
재앙에 빠지는 법이다."

어느 도시에 상인 두 사람이 살고 있었습니다. 비노트라는 사람은 천성적으로 지혜로운 데 반해, 라비는 단순했습니다. 어느 날 두 사람이 동시에 물건을 팔기 위해 이웃 도시로 떠나야 할 일이 생겼습니다. 그렇게 하려면 칠백 킬로미터나 되는 사막을 지나가야만 했습니다. 두 사람 모두 황소가 끌고 가야 할 오백 개의 마차에 상품을 이미 실어 놓은 상태였습니다.

'저 친구가 나와 동시에 떠나면, 무거운 짐을 싣고 가는 길이 분명히 순탄치 않을 거야. 게다가 사막에서 물을 보충하고 땔감을 구하는 일도 서로 방해되겠지. 소들이 뜯을 풀도 찾기가 어려울 테고.' 이런 생각이 문득 비노트의 머릿속에 떠올랐습니다. 그래서 그는 친구인 라비에게 물어보았습니다. "우리가 동시에 출발하면 좋을 일이 없을 듯하네. 그러면 서로 방해만 될 거야. 차라리 자네가 먼저 떠나든지, 아니면 내가 먼저 떠나든지 하는 게 어떻겠나?"

이런 제안을 받고 라비는 생각해 보았습니다. '내가 먼저 떠나는 것이 이익이 될 거야. 먼저 가면 도로도 훼손되지 않아 편할 테고, 소들도 충분히 풀을 뜯을 거야. 일꾼들 역시 먼저 물을 마시고, 땔감도 쉽게 얻을 수 있지. 그리고 가장 좋은 일은 내가 비노트보다 그 도시에 일찍 도착하여 상품 가격을 유리하게 흥정할 수 있다는 거지.'

그는 곧 친구에게 대답했습니다. "그래, 그러면 내가 먼저 출발하겠네."

비노트는 나중에 따라가도 상관없다고 생각했습니다. 오히려 그는 나중에 가는 것이 여러 가지 이점이 있다고 보았지요. 그는 속으로 생각해 보았습니다. '라비의 마차들은 내가 갈 길을 평평하게 해 줄 거야. 그의 소들은 오래되어 건조한 풀을 먹어 치울 테고, 그래서 내가 갈 때쯤에는 내 소들이 먹을 만한 신선한 풀들이 자라났겠지. 우리는 땔감을 모을 장소를 쉽게 찾아낼 테고, 친구 라비의 일꾼들이 먼저 파 놓은 우물에서 물도 쉽게 얻을 수 있을 거야. 그리고 나는 가격이 이미 정해졌을 때 원주민들과 어렵지 않게 가격을 흥정할 수 있어.'

그리하여 비노트는 대답했습니다. "동의하네, 친구. 자네가 먼저 가기로 마음을 먹었다면, 먼저 떠나게나."

라비는 사막으로 떠나기 전에 일꾼들에게 거대한 나무 물통에 물을 채우도록 지시했습니다.

그런데 사막을 반쯤 지나갔을 때, 사막에서 악행을 일삼던 어느 마귀가 라비의 상인 대열을 지켜보고 있었습니다. 마귀는 부하들에게 마법을 사용하여 하얀 황소들이 이끄는 마차 한 대를 가져오게 했습니다. 마귀들은 모두 무장했지만, 무기를 옷 속에 감추었습니다. 그러다 보니 마귀들은 외부인이 볼 때 평범한 사람들처럼 보였습니다. 그 밖에도 마귀는 주술을 사용하여 그의 무리의 머리칼과 의복을 물에 젖게 했습니다. 또한 의복에는 연꽃 잎새와 수련을 붙였습니다. 이어서 그는 마차를 타고 상인 대열의 선두로 가서는, 라비에게 정중하게 인사를 했습니다.

라비는 마귀와 대화를 나누려고 즉시 자신의 대열에서 빠져나왔습니다. "처음 뵙겠습니다! 그런데 모두가 왜 그렇게 물에 젖었나요? 여행 중에 비가 많이 왔나요?" 라비가 놀란 표정으로 물었습니다.

"네, 이곳은 비가 수시로 내리고 있어요. 저 앞에는 수풀이 우거지고, 저 뒤쪽에는 연꽃과 수련이 자라는 호수들이 여기저기 있어요." 마귀는 이렇게 대답하고는, 다시 물었습니다. "대체 마차로 무엇을 운반하고 있습니까?"

"아, 그건 우리가 거래할 상품들입니다."

마지막 마차가 마귀 무리의 곁을 지나고 있을 때, 마귀의 우두머리가 앞으로 나와서 물었습니다. "그런데 이 마차로는 무엇을 운반합니까? 특별히 무거운 것을 싣고 있는 것 같네요."

라비가 대답했습니다. "그건 물을 저장한 통입니다."

"사실 그렇게 많은 물을 싣고 올 필요는 없어요. 이 무거운 물통들이 없다면, 당신들은 훨씬 더 빨리 가지 않을까요? 만일 나라면 이 물을 쏟아 버릴 겁니다." 마귀가 이렇게 말을 하고는, 그의 무리와 함께 그곳을 떠났습니다.

라비는 그 낯선 자의 충고를 따랐습니다. 그는 일꾼들에게 물통을 모조리 깨트리고, 물을 모래에 쏟아붓도록 했습니다. 그런 다음 그는 이제까지보다 더 빨리 달려가도록 지시했습니다. 하지만 그들은 얼마 지나지 않아 호수는커녕 샘 하나 발견할 수 없다는 사실을 알아차렸습니다. 해가 지자 그들은 기진맥진한 채 야영할 준비를 갖추었습니다. 황소들은 목이 말랐지만, 마실 물이 없었습니다.

한밤중에 마귀의 무리가 라비의 마차 대열을 습격했습니다. 마귀들은 라비와 일행, 황소들까지 살해한 후 뼈마디까지 모조리 먹어 치웠습니다. 다만 마차와 화물은 손을 대지 않고 그대로 놔두었습니다.

한 달 후에 비노트는 마차 행렬을 이끌고 길을 떠났습니다. 마차 행렬이 사막 입구에 도달하기 직전에, 그 역시 일꾼들을 시켜 물통에 물을 가득 채우게 했습니다. 비노트와 일꾼들이 사막의 첫 번째 구간을 지나왔을 때, 지난번과 마찬가지로 마귀가 그들 앞에 나타났습니다. 하지만 비노트는 마귀의 정체를 의심했지요. 순간적으로 마귀의 붉은 두 눈동자가 눈에 띄었고, 마귀에게는 영혼이 없다는 것을 알아차렸습니다. 그 밖에도 비노트는 사막에 숲이나 연꽃과 수련이 자라는 호수가 없다는 사실도 알고 있었습니다. 이 때 그는 라비가 마귀의 책략에 당했다는 사실을 깨달았습니다.

그래서 비노트는 마귀의 무리를 경계하면서 말했습니다. "우리는 물 공급이 확실치 않으면, 물을 절대 버리지 않습니다."

마귀는 아무 말 없이 자신의 무리를 데리고 슬며시 사라졌습니다.

일꾼들은 신중히 생각해 보라고 비노트에게 권했습니다. "저 낯선 사람과 동행인들은 머리와 옷도 젖어 있었지요. 게다가 이곳에는 비가 자주 온다고 하잖습니까. 그러니 물통의 물을 비워 버리면, 우리는 훨씬 빨리 사막을 지날 수 있을 겁니다."

그러자 비노트는 일꾼들을 그의 주변에 불러 모은 후, 그들에게 물었습니다. "당신들 중 누가 이곳 사막에 호수가 있다는 말을 들은 적이 있습니까?"

"아니요, 그런 소리는 들어 본 적이 없습니다."

"이 낯선 자들은 사람이 아니라 마귀입니다." 비노트가 단호하게 말했습니다. "그들은 우리가 물을 버리기를 바란 것입니다. 그렇게 해서 우리가 지치고 약해지면, 그들은 우리를 기습해서 먹어 치우려는 심산이지요. 하지만 그런 수법은 우리에게 통하지 않아요. 하지만 앞서 떠난 라비는 방심했습니다. 분명히 그는 이 마귀들의 농간에 당했을 것입니다. 그러니 여러분은 라비의 버려진 마차들을 만나게 될 때를 대비하세요."

정말 그랬습니다. 잠시 후에 그들은 라비가 끌고 온 마차와 함께 마귀들에게 먹힌 라비와 그의 일꾼, 황소들의 잔해를 발견하였습니다. 비노트와 그의 일행은 야영할 준비를 마쳤습니다. 그런 다음 황소를 돌보고, 물을 충분히 나누어 마셨습니다. 다음 날 아침에 그들은 파손된 마차를 라비의 더 튼튼한 마차로 교체하고, 라비가 가져온 화물을 마차에 실었습니다. 그들은 목적지에 도착한 후, 가져온 상품들을 상당히 높은 가격으로 팔았습니다. 이어서 비노트는 단 한 사람의 생명도 잃지 않은 채 무사히 집으로 돌아왔습니다.

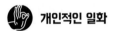 **개인적인 일화**

저의 첫 비행기 여행 때의 일이었습니다. 태어나서 처음으로 다른 대륙으로 여행하고 싶었습니다. 태국에 도착하자 저는 방콕의 어느 호텔에 체크인하고, 시내 탐방을 나갔습니다. 이때 친절한 툭툭 택시 기사가 '무료 시내 관광'을 제안했습니다. 저는 '행운의 날'이라고 생각했습니다. 그런데 커다란 부처 동상이 있는 후미진 곳에서 우리는 택시 기사의 친구를 만났습니다. 이때 그의 친구가 제게 아주 솔깃한 거래를 제안했습니다. 그는 진짜 보석을 가지고 있는데, 제게 아주 좋은 가격에 팔겠다는 것이었습니다. 독일에 가면 그 보석을 몇 배 더 비싸게 팔 수도 있을 것이라고 했습니다. 물론 그것이 진짜가 아니라는 사실은 금방 밝혀지고 말았습니다. 하지만 의심스러운 여러 징후가 있었는데도 저는 결국 속았습니다. 저는 제 자신의 탐욕에 화가 났습니다. 너무 빨리 여행 예산의 절반이 날아가 버렸습니다.

 **되돌아보기**

o 나는 인간의 선을 신뢰하는 편일까, 아니면 대체로 타인에 대해 회의적일까?

○ 나는 어떤 문제를 해결할 때 가장 단순한 해법만을 찾고 있지 않을까? 아니면 어떤 지름길이나, 방해가 없는 길만 찾고 있지는 않을까?

○ 나는 다른 사람에게 우선권을 양보하고, 그들에게서 무엇인가를 배우려고 했을까, 아니면 다른 사람들이 오히려 나에게서 무엇인가를 알게 되었을까?

 **한 주의 목표**

---

나는 이번 주에는 주어진 상황에 대처하기 위하여 더 주의를 기울이고, 더 많은 시간을 사용할 것이다.

나는 그때그때 주어진 상황을 가능한 한 다각도에서 관찰할 것이다.

그런 다음 나의 관찰을 통하여 얻은 깨달음을 기록할 것이다.

# 제4화

## 정직의 가치

"정직은 보답을 받고,
거짓은 벌을 받는다."

어느 정직한 상인과 욕심 많은 상인이 함께 여러 도시를
다니며 물건을 팔고 있었습니다. 그러다가 두 사람은 서로
장사를 방해하지 않기 위하여 지역을 나누었습니다. 그래
서 언제나 둘 중 한 사람만 특정한 구역을 돌아다녔습니다.
그들은 집마다 다니면서 물건을 팔았습니다. 어느 날 이른
아침 욕심 많은 상인 나디는 어느 쓰러져 가는 건물 앞을
지나가고 있었습니다. 그곳은 부유한 상인 가문이 살던 저
택이었습니다. 그러나 지금은 거의 모든 식구가 세상을 떠
나서, 어느 가난한 할머니가 손녀와 함께 살고 있었습니다.

이때 나디가 길에서 이렇게 소리쳤습니다. "유리구슬 팝
니다. 유리구슬 팔아요!"

손녀가 이 소리를 듣고 할머니에게 졸랐습니다. "할머니,

유리구슬 좀 사 주세요!"

"얘야, 돈이 어디 있겠니? 우리는 한 푼도 가진 게 없고, 유리구슬과 바꿀 만한 물건도 없단다."

이때 문득 소녀의 머릿속에 오래된 쟁반이 떠올라, 그녀는 즉시 그것을 가져왔습니다. "이거 보세요, 여기 오래된 쟁반이 있어요. 우린 이 쟁반을 사용하지 않잖아요. 이것을 예쁜 유리구슬과 바꿀 수 있을 것 같아요."

오래된 이 쟁반은 예전에 이 집에 살던 상인 가문의 제일 어른이 사용하던 것이었습니다. 그는 항상 이 예쁘고 값진 쟁반으로 음식을 먹었습니다. 하지만 그가 죽은 후, 이 쟁반은 다른 그릇들 사이에 섞여 눈에 띄지 않았습니다. 그러는 사이 쟁반에도 두꺼운 먼지가 덮여 할머니와 손녀도 이 쟁반이 순금으로 만들어졌다는 사실을 알지 못했습니다.

"그래, 좋아!" 할머니가 허락하곤, 밖에 있던 나디를 불러들였습니다. "이보시오, 내 손녀가 유리구슬을 갖고 싶어 한답니다. 이 쟁반을 유리구슬로 바꿀 수는 없나요?" 할머니가 이렇게 물었습니다.

욕심 많은 나디는 할머니에게서 쟁반을 받았습니다. 그는 쟁반이 수상하다고 느껴, 슬며시 손톱으로 쟁반에 덮인 두꺼운 먼지를 살짝 벗겨 보았습니다. 그제야 그는 이 접시가 순금으로 이루어졌다는 것을 확인했습니다. 순간적으로 그는 욕심에 사로잡혔습니다. 그는 할머니에게 어떤 대가도 주지 않고 이것을 차지하고 싶었습니다.

나디는 짐짓 화가 난 듯 행동하다가 할머니에게 말했습니다. "어째서 이렇게 쓸모없는 쟁반을 내게 가져온 겁니까? 이건 한 푼의 가치도 없는 물건이에요!" 이렇게 말하며 그는 할머니에게 쟁반을 돌려주고는, 화가 난 척하며 집을 떠났습니다.

그날 저녁 정직한 상인 야스팔도 이 쓰러져 가는 집 앞을 지나가고 있었습니다.

그 역시 "유리구슬 팝니다. 유리구슬 팔아요!" 하고 외쳤습니다.

그러자 손녀가 이번에도 할머니에게 유리구슬을 갖고 싶다고 졸랐습니다.

"하지만 얘야, 얼마 전에 왔던 장사꾼도 거절하면서 화만 내고 가버렸잖아. 우리가 또 그래야 하겠니?" 할머니가 이렇게 대답했습니다.

그러나 손녀는 확신에 차서 말했습니다. "그 장사꾼은 불쾌했지만, 이번 사람은 친절해 보여요. 이 사람은 쟁반을 받아 줄 것 같아요."

"그렇다면 내가 들어오라고 하겠다." 할머니는 집에 들어온 상인 야스팔에게 주저하면서 쟁반을 내보였지요.

야스팔은 쟁반이 순금으로 만들어졌음을 금방 알아차렸습니다. 그는 곧 할머니에게 말했습니다. "할머니, 이 쟁반은 수천 냥의 가치가 있답니다. 유감스럽지만, 제게는 그렇게 많은 돈이 없습니다."

할머니는 놀란 기색으로 말했습니다. "이보세요, 댁 앞에 왔던 상인은 이 쟁반이 아무 가치도 없다고 말했어요. 그 사람의 말이 맞는다면, 지금 이 쟁반이 금쟁반이 된 것은 댁의 은혜 때문임이 틀림없어요. 부디 이 쟁반을 가져가고, 그 대가로 조금만 우리에게 주세요. 얼마든 상관없이 우리는 만족할 겁니다."

야스팔은 현금 오백 냥과 오백 냥 상당의 물건을 가지고 있었습니다. 그는 할머니에게 그 모든 것을 내주었고, 단지 자신의 저울과 돌아갈 때 타야 할 나룻배 요금 여덟 냥만을 남겨 두었습니다. 할머니와 손녀는 이런 행운을 거의 믿을 수가 없었습니다.

정직한 야스팔이 가고 난 뒤, 나디가 할머니의 집으로 돌아왔어요. 그는 마치 생각을 바꿨다는 듯이 행동하다가 이렇게 말했습니다.

"쟁반 값을 어느 정도는 쳐 드릴 생각입니다."

하지만 할머니는 그에게 호통을 쳤습니다. "이런 불한당 같으니라고! 우리한테 쟁반이 한 푼의 가치도 없다고 말했겠다. 네 놈이 가버린 뒤, 운 좋게도 정직한 상인이 찾아왔지. 그는 쟁반이 수천 냥의 가치가 있다더군. 그가 이미 우리에게 천 냥을 주고 그 쟁반을 가져갔다! 네 놈은 너무 늦은 거지!"

나디가 그 소리를 들었을 때 그는 미칠 지경이었습니다.
"그 녀석이 내 것을 뺏어 갔어!"

나디는 분노에 못 이겨서 가진 돈과 상품을 모두 내던져버리고, 윗도리를 찢어발겼습니다. 그는 반쯤 나체가 되더니 저울의 막대를 움켜쥐고 마구 휘둘렀습니다. 이어서 그는 나루터로 달려갔지만, 야스팔과 뱃사공은 이미 강 한가운데에 도달해 있었습니다. 그는 그들을 바라보며 돌아오라고 고래고래 외쳤습니다. 하지만 야스팔은 뱃사공에게 계속 노를 저으라고 지시했습니다. 나디는 그의 경쟁자가 금쟁반을 가지고 떠나가는 모습을 지켜볼 수밖에 없었습니다. 그 광경에 나디는 화가 머리끝까지 뻗쳐서 그만 심장마비로 숨을 거두고 말았습니다.

 **개인적인 일화**

영화 제작에서 조감독으로 일할 때, 저는 카메라의 각도를 확장할 방안에 대해 획기적인 아이디어를 가지고 있었습니다. 감독은 제가 없을 때 찾아와 그것을 보고는 제가 영화 기획을 위해 데려온 친구를 칭찬했습니다. 나중에야 알아차린 사실이지만, 이 친구가 저의 공로를 가로채고는 악의적으로 이를 해명하지 않았기 때문이었습니다. 유감스럽게도 이때부터 그와의 관계는 단절되었습니다. 저는 더 이상 그를 영화 제작에 추천하지 않았습니다.

 **되돌아보기**

ㅇ 정직이 우리를 발전시킬까? 아니면 정직해 봐야 대개는 별 소득이 없을까?

ㅇ 나는 거짓말을 하게 될 상황이 있었을까? 그렇다면 어떤 경우였을까?

ㅇ 나는 어떤 일을 이루기 위하여 진실조차 묵과해야 할까? 아니면 진실을 말해 손해가 될지라도 항상 정직할 해야 할까?

## 한 주의 목표

누구나 의식적이든 무의식적이든 여러 가지 이유에서 하루에도 몇 번씩 거짓말을 한다. 이번 주에는 내가 거짓말을 하거나 특정한 정보를 의식적으로 빠트리는지를 상세히 관찰할 것이다. 그리고 왜 그랬는지 그 이유를 기록할 것이다.

# 제5화

# 쥐잡이에서 백만장자로

"아주 적은 자산으로도
영민한 사람은 성공할 수 있다."

시의 재무국장은 길흉을 인지할 수 있는 영리한 남자였지요. 어느 날 그는 사무실로 가는 길에 죽어 있는 쥐 한 마리를 보았습니다.

그는 문득 큰 소리로 혼잣말을 했습니다. "별들이 지금 정렬해 있듯이, 그런 분별력만 있다면 누구나 이 쥐를 주워서 사업을 할 수도 있지."

무일푼이었던 청년 리시는 우연히 근처에서 재무국장의 이 말을 듣고는, 이렇게 생각했습니다. "재무국장님은 영리한 사람이시지. 그분의 말이 옳아." 그래서 그는 죽은 쥐를 집어 들고, 이것으로 무엇을 해야 할지 한동안 고민했습니다. 바로 이때 그는 어느 선술집을 지나가고 있었습니다. 순간적으로 그는 선술집 안으로 들어가, 고양이의 먹이가 필요했던 주인에게 죽은 쥐를 한 냥에 팔았습니다.

리시는 이 돈으로 설탕을 조금 사들인 뒤, 항아리에 넣어 물을 채우고 다른 곳으로 떠났습니다. 곧 그는 숲에서 꽃을 따서 돌아오던 목이 마른 꽃 장수들을 만났습니다. 그는 그들에게 설탕물을 조금 나누어 주고, 그 대가로 매번 한 줌의 꽃을 받았습니다. 그런 다음 그 꽃들을 팔아서 남긴 수익으로 더 많은 설탕을 사들였습니다.

며칠 후에 리시는 꽃 장수들에게 계속해서 설탕물을 팔았지요. 이번에는 그에게 꽃 장수들이 뿌리가 달린 온전한 식물들을 주었고, 그는 그것을 여덟 냥의 이윤을 붙여 되팔았습니다.

얼마 후, 리시는 폭풍이 불어 많은 나무의 잔가지와 굵은 가지가 궁궐 정원에 날아 들어온 것을 보았습니다. 궁궐 정원을 깨끗이 하는 것은 정원사에게 아주 힘든 일이었습니다. 그래서 리시는 정원사에게 궁궐 정원을 깨끗하게 만들어 줄 테니 나뭇가지들을 자기에게 달라고 청했습니다. 정원사는 그의 제안에 동의했습니다. 리시는 근처 놀이터로 달려가서 어린아이들에게 궁궐 정원을 청소하고 나뭇가지와 나뭇잎을 정원의 문 앞에 갖다 놓으면 설탕물을 주겠다고 약속했습니다. 그러자 어린아이들은 환호하면서 나뭇가지와 나뭇잎을 열심히 모아 궁궐 정원 앞에 갖다 놓았습니다.

어린아이들이 막 일을 마쳤을 때, 왕실의 도공이 그곳을 지나갔습니다. 도공은 리시에게 말을 걸었습니다. "여보세요, 나는 도자기 가마에 사용할 연료가 시급합니다. 이 나뭇가지와 나뭇잎은 땔감으로 최고일 것 같네요. 내가 그 대가로 열여섯 냥과 옹기 사발 다섯 개, 그리고 항아리 몇 개를 드리겠습니다. 어떻습니까?"

리시는 그 제안을 즉시 수락했습니다. 이제 그는 스물네 냥을 갖게 되었고, 그래서 다른 새로운 계획을 시작했습니다. 그는 커다란 용기에 물을 가득 채우고, 성문 근처로 갔습니다. 그곳에는 한낮의 더위에 오백 명의 일꾼이 풀을 베느라고 분주했습니다. 리시는 그들에게 갈증을 해소하도록 가져온 물을 공짜로 제공했습니다.

땀을 뻘뻘 흘리던 일꾼들이 그에게 고마워하며 물었습니다. "이보게 친구, 우리가 어떻게 감사를 표할 수 있겠나?"

그는 "천만에요! 여러분의 도움이 필요하면 나중에 말씀 드리겠습니다"라고 대답했습니다.


얼마 후에 리시는 두 명의 상인과 친구가 되었지요. 한 상인은 국내에서 장사하고 있었고, 다른 상인은 바다 건너로 장사를 하고 있었습니다. 어느 날 국내에서 거래하는 상인이 그에게 슬쩍 귀띔해 주었습니다. "내일 말 오백 마리를 팔려고 상인 하나가 이 도시에 온다네."

리시는 이 정보를 어떻게 이용할 수 있을까 깊이 생각했습니다. 그는 곧 성문 앞에서 풀을 베는 일꾼들에게 달려갔습니다. "내게 풀 한 단을 넘겨줄 사람 있나요?" 리시가 이렇게 부탁했습니다. 일꾼들은 리시에게 감사함을 갚을 수 있어서 서로 그렇게 하겠다고 말했습니다. 그러자 리시가 덧붙여 말했습니다. "또 한 가지 부탁이 있습니다. 여러분은 내가 풀을 팔 때까지는 여러분의 풀을 어디에도 팔지 말아 주세요."

일꾼들은 이 부탁 역시 들어주겠다고 약속했습니다. 이렇게 해서 그들은 총 오백 단의 풀을 리시의 집으로 가져왔습니다. 앞서 언급한 상인이 도시에 들어와 리시 집 외에는 어떤 곳에서도 풀을 찾을 수 없게 되자, 상인은 리시에게 천 냥에 풀을 몽땅 사들였습니다.

며칠 후, 리시는 다른 상인에게서 또 좋은 정보를 얻었습니다. 그는 커다란 무역선이 항구에 막 정박했다는 소식이었습니다. 그는 몇 사람과 함께 거대한 마차를 타고 항구로 갔습니다. 그곳에서 리시는 선원들을 설득하여 배에 싣고 온 화물 전량을 외상으로 사들였습니다. 이어서 그는 사람들을 시켜 근처에 인상적인 대형 천막을 세우곤, 그들에게 이렇게 지시했습니다. "나를 만나고 싶어 하는 상인들은 모두 이 천막으로 데려오세요. 그렇게 할 때 최대한 격식을 차리고, 방문객들을 세 명의 안내자가 그곳으로 데려오도록 해 주세요."

리시가 예상했듯이 수백 명의 상인들이 항구에 몰려왔

지만, 보통 때처럼 화물은 보이지 않았습니다. 그들은 단한 사람이 전체 화물을 사들여 대형 천막에 보관하고 있다는 사실을 알게 되었습니다. 어느 호기심 어린 상인이 천막을 찾아오자마자, 리시의 일꾼들이 달려와 그에게 인사를하며 정중하게 그를 맞아들였습니다. 또한 세 명의 안내자가 그를 안내하여 천막 안 식탁에 앉아 있던 리시에게 데려왔습니다. 이런 식으로 천막에는 백 명의 상인들이 모여들었습니다. 그들 각자가 물건을 얻는 대가로 리시에게 천 냥을 주었습니다. 이렇게 해서 리시는 별로 투자하지 않고도십만 냥을 벌어들였지요. 이제 리시는 엄청난 부자가 되었습니다.

그는 이렇게 된 데 감사함을 표하기 위해, 그의 재산의절반을 자루에 채우고 시의 재무국장을 찾아갔습니다. 그러자 재무국장이 놀라워하며 "젊은이, 자네는 이 모든 재산을 어떻게 이루었나?" 하고 물었습니다. "제가 국장님의 충고를 따르니 불과 4개월 만에 이 부를 이루었습니다." 리시는 즐거운 표정으로 이렇게 설명하면서, 죽은 쥐를 보았던날을 언급했습니다.

시의 재무국장은 리시에게 너무 큰 감명을 받아서, 자기딸을 소개해 주었습니다. 이렇게 해서 리시는 이제 그의 사위가 되었고, 나중에는 마찬가지로 시의 재무국장이 되었습니다.

## 개인적인 일화

북경에서 공부하는 동안 저는 부지런한 중국 여성을 알게 되었습니다. 그녀는 독일어를 배우고 있었고, 저는 중국어를 배우고 있었지요. 우리는 곧 가까운 친구가 되었습니다. 귀국 후에 저는 그녀를 독일로 초대했습니다. 운명의 장난인지 그녀는 제 친구 중 한 명과 사랑에 빠졌습니다. 그녀는 독일에서 그와 결혼하여 가족을 이루고, 사업도 함께 하고 있습니다.

저는 이 열정적인 여성에게 항상 감동하고 있습니다. 단출한 배경을 지닌 그녀가 어떻게 단기간에 번창하는 중견기업을 구축했는지 참으로 인상적입니다. 성실함과 항상 기회와 가능성을 향한 현명한 접근방식으로 그녀는 성공적인 기업인이 되었고, 지금은 아시아인과 유럽인 등 다양한 배경의 사람들을 고용하고 있습니다.

 **되돌아보기**

o 무엇을 나는 특히 잘할 수 있고, 그것을 어떤 일에 적용할 수 있을까?

o 내 능력과 재능을 나는 어떻게 사용할 수 있을까? 나는

그것으로 무엇을 성취할 수 있을까?

o 하는 일이 마음에 든다면 그 일이 나를 열광시키는 이
유는 무엇일까?
만일 내가 하는 일이 마음에 들지 않는다면, 내가 더
일을 잘하기 위해서는 어떤 점을 바꾸어야만 할까?

 ## 한 주의 목표

나는 한 주 내에 실제로 성취할 수 있는 목표를 설정할 것이다.

그런 다음 이에 필요한 중간목표를 기록할 것이다.

내가 어떤 단계를 마치고 목표를 달성하면, 나는 나를 위한 보상을
마련할 것이다.

# 제6화

# 좋은 리더십, 나쁜 리더십

"리더십을 넘겨받은 사람은 다른 사람에 대한 책임이
있으며, 매사에 신중하게 결정해야 한다."

어느 왕국에 늙은 수사슴이 살고 있었습니다. 그는 천 마
리에 달하는 거대한 사슴 무리의 지도자였습니다. 그가 스
스로 너무 늙었다고 느꼈을 때, 그는 무리를 두 아들에게
맡겼습니다. 두 아들의 이름은 라카('아름다운'이라는 뜻)와 칼
라('검은'이라는 뜻)였습니다. 이 둘은 각각 앞으로 무리의 절
반을 이끌어야 했죠.

가을, 즉 추수의 계절이 다가왔습니다. 마을의 농부들은
곡식을 사슴으로부터 보호하기 위해 덫을 놓고, 사방에 구
덩이를 파서 그 안에 뾰족한 말뚝을 세워 두었습니다. 인근
들판에 사는 사슴들에게 그것은 점점 더 위험한 상황으로
다가오고 있었습니다.

늙은 수사슴은 두 아들을 불러서 이렇게 명령했습니다. "들판의 곡식이 무르익고 있구나. 우리 모두 여기 남아 있으면 너무 위험하다. 우리 늙은 사슴들은 그 위험을 겪어 보았고, 그 위험에 대처하는 법을 알고 있단다. 너희는 어린 사슴들을 데리고 산으로 올라가거라. 사람들이 곡식을 수확하고 추수가 끝나면, 그때 내려오거라."

두 아들은 아버지의 말을 이해하고 급히 길을 떠났습니다.

하지만 마을 주민 중 사냥꾼들은 사슴의 이동을 알고 있었고, 이미 사냥 준비를 마쳤습니다. 그들은 산길에서 풀로 위장하고 사슴을 기다리고 있었습니다.

칼라는 위험을 의식하지 못한 채, 훤한 대낮에 무리와 함께 길을 떠났습니다. 그 바람에 사냥꾼들은 사슴 몇 마리를 쉽게 사냥할 수 있었습니다. 또한 칼라는 밤마다 먹이를 구하려고 마을 근처로 무리를 데려왔습니다. 이로 인해 더 많은 사슴이 죽었습니다. 결국 칼라는 겨우 몇 마리의 사슴만 데리고 산 위에 도착했습니다. 라카는 그의 동생보다 더 조심스러웠습니다. 그는 어둠이 찾아왔을 때만 무리를 이동시키면서 인간의 거주지를 피해 빙 둘러 갔습니다. 이렇게 해서 그는 무리 중에서 단 한 마리도 잃지 않았습니다. 두 사슴 무리는 사람들이 곡식을 완전히 수확할 때까지 산속에 머물렀습니다.

돌아오는 길에 칼라는 산에 오를 때와 똑같은 결정을 내렸고, 무리의 나머지 사슴마저 모두 잃었습니다. 칼라만 유일하게 살아남았습니다. 반면에 라카는 계속 신중한 태도를 보였고, 오백 마리의 사슴들과 함께 무사히 돌아왔습니다.

아버지가 멀리서 보고 외쳤습니다. "모두 보거라! 두 아들이 돌아오고 있다. 영광스러운 라카는 무리를 안전하게 집으로 데려오고 있다. 반면에 고지식한 칼라는 혼자서 돌아오고 있구나."

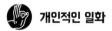 **개인적인 일화**

제가 마을 축구클럽의 탈의실에서 최초로 주장 완장을 넘겨받았을 때, 저는 대단히 자랑스러웠습니다. 팀원들은 성원의 표시로 포효했습니다. 저는 우리 팀을 승리로 이끌 것이라고 확신했습니다. 승리냐 무승부냐 패배냐, 단 하나의 가능성만 있을 뿐이다! 프란츠 베켄바워의 명언을 외치며 우리는 경기장으로 달려 나갔습니다. 최하위 리그에서는 때때로 이런 자세가 정말 중요합니다. 눈앞의 상대와 치열한 대결을 벌였습니다.

경기는 순조롭게 진행되었고, 우리는 경기에서 이기기 직전이었습니다. 하지만 일대일 대결에서 졌다는 좌절감 때문인지, 제 앞의 상대가 별안간 이마로 제 코뼈를 받아 으스러뜨렸습니다. 이 부상에 대해 심판이 어떠한 처벌도 하지 않아, 저는 그에게 큰 소리로 욕을 했습니다. 그 바람에 저는 레드카드를 받아 코피를 흘리며 퇴장당했고, 우리 팀은 2대3으로 경기에서 패배하고 말았습니다.

 **되돌아보기**

○ 나는 어떤 사람을 책임져야 할까?

○ 나는 어떤 순간이나 상황에서 내 삶에 대한 책임을 다른 사람에게 전가한 적이 있을까?

○ 내 결정이 다른 사람에게 직접적 또는 간접적으로 영향을 준 일이 있을까?

 **한 주의 목표**

---

나는 이번 주에는 나의 결정이 다른 사람에게 영향을 주고 있는지, 그렇다면 그것이 어느 정도인지를 메모할 것이다.

그것은 얼핏 생각하면 시시콜콜한 일인지도 모르지만 중요하다. 가령 내가 물건을 사는 것은 파트너와의 저녁 식사에 영향을 준다. 또한 내가 어떤 식으로 이메일을 작성하는지는 수신자의 기분에 영향을 준다. 내가 어떤 기획을 추진하는지는 서비스 제공자 또는 고객 등에게 영향을 준다.

# 제7화

## 멍청한 친구 때문에 망할 수 있다

"분별력 있는 적은 가끔
어리석은 친구보다 낫다."

어느 마을에 늙은 목수가 아들과 함께 살고 있었습니다. 목수가 어느 날 나무줄기를 톱질하고 있었을 때, 모기 한 마리가 그의 머리에 앉아서 피를 빨기 시작했습니다. 그러자 모기가 문 자리가 몹시 간지럽기 시작했습니다. 목수는 계속해서 모기가 그의 머리 위를 맴돌며 윙윙거리는 소리를 들었습니다.

그렇지만 목수는 일하던 중이라 손을 쓸 수 없어, 옆에 있던 아들에게 말했습니다. "모기 한 마리가 내 머리 위에서 피를 빨고, 아직도 그 자리에 있단다. 모기 좀 쫓아 주련?"

"물론이지요, 아빠. 가만히 계세요. 제가 모기를 때려잡겠어요." 아들이 대답했습니다.

아들은 도끼를 손에 쥐고는, 아버지의 등 뒤로 가서 모기를 살폈습니다. 아들은 모기를 발견하자 도끼를 휘둘렀습니다. 그는 모기를 정확히 찍었지만, 그와 동시에 아버지의 머리를 쪼개고 말았습니다.

저는 친구로부터 함께 캠핑하러 가자는 제안을 받은 적이 있습니다. 과거 불쾌한 여행에 대한 기억이 되살아나 거부감을 느꼈지만, 저는 여행이라는 모험의 부름을 물리칠 수는 없었습니다. 야외 캠핑을 허용하는 스웨덴의 '만인을 위한 법' 덕분에 우리는 수많은 섬 중 한 곳에 텐트를 치기 위하여 작은 배에 짐을 가득 실었습니다.

호수는 잔잔했고, 날씨도 쾌청했지요. 우리는 특히 호수 주변의 동물들에 매료되었습니다. 동양학이 취미인 제 친구는 늘 진기한 새의 사진을 찍으려고 했습니다. 우리의 작은 배가 물가로 조용히 미끄러져 가고 있을 때, 저는 덤불숲에서 논병아리 한 마리를 발견했습니다. 부드럽게 몇 번 노를 저어 배를 돌려야 했지만, 제 친구는 그 한 장면을 찍으려고 갑자기 배에서 벌떡 일어섰습니다. 친구의 이런 행동으로 우리의 배는 전복되었습니다. 논병아리는 깜짝 놀라서 날아가 버렸고, 우리는 물에 빠진 짐을 찾기 위해 물속으로 뛰어들었습니다.

 **되돌아보기**

○ 나는 계속해서 내 친구를 신뢰할 수 있을까? 아니면 신

뢰할 수 없는 부분이 있을까?

o 나는 어떤 점에서 우정을 중시하고 있을까?
  신뢰성이란 내게 대체 무엇을 의미할까?

o 내 친구 중에서 내가 어렵게 느끼는 누군가가 있을까?
  그렇다면 그 친구에게 그렇게 느끼는 이유는 무엇일까?

 **한 주의 목표**

이번 주에 나는 오랫동안 만나지 못한 친구와 만날 것이다.
이 친구와의 우정에 대해 무엇을 감사히 여길지 숙고해 보
고, 만남에서 그 감사함에 대해 그에게 말할 것이다.

# 제8화

## 배우려 하지 않는 자는
## 매운맛을 보지 않으면 안 된다

"아무리 경험이 많아도,
다른 사람의 충고를 듣는 것이 좋을 때가 있다."

옛날 한 수사슴이 무리와 함께 숲속에 살고 있었습니다. 어느 날 여동생이 아들을 데리고 그를 찾아왔습니다.

"오빠, 조카에게 가장 소중한 교훈을 들려주시겠어요? 제 아들은 아직 어리고 경험도 없답니다. 만일 아이가 의지할 곳 하나 없이 혼자가 된다면, 어떻게 해야 가장 안전하게 살아남을 수 있을까요?" 여동생이 이렇게 오빠에게 부탁했습니다.

수사슴은 고개를 끄덕이며 조카를 향해 말했습니다. "내일 새벽에 해가 뜨거든 나를 찾아오거라. 그러면 중요한 모든 일을 네게 알려 주겠다."

하지만 젊은 수사슴은 전혀 흥미를 느끼지 못하고, 다음 날 새벽에 나타나지 않았습니다.

그러자 어머니가 그에게 이렇게 충고했습니다. "내일 새벽이라도 너는 삼촌에게 가야 해. 내일은 꼭 서둘러 가려무나. 이 일은 매우 중요하단다."

다음 날 삼촌이 다시 조카를 기다렸으나 소용이 없었습니다. 그리고 이후 일주일 동안 삼촌을 찾아가라는 어머니의 충고에도 불구하고, 젊은 사슴은 말을 듣지 않았습니다.

젊은 사슴이 어느 날 아침 혼자 길을 나섰을 때, 그는 사냥꾼이 덫으로 놓은 올가미에 발이 걸리고 말았습니다. 아무리 올가미에서 빠져나오려 해도, 올가미는 점점 더 젊은 사슴의 발을 바짝 죄어왔습니다.


그러는 사이에 어머니는 아들이 집에서 떠났다는 사실을 알았습니다. 그녀는 자기 아들이 결국은 삼촌을 찾아갔다고 생각했습니다. 그래서 아들이 어떤 가르침을 받았는지 알아보려고 오빠를 찾아갔습니다. 그녀가 오빠의 집에 도착했지만, 아들은 그곳에 없었습니다.

"오빠, 아이가 여기 있는 것 아니에요? 지금 뭘 하고 있나요? 가장 소중한 교훈은 가르쳐 주셨겠죠?"

"그 아이는 오늘까지도 여기 오지 않았구나. 나는 일주일 동안이나 매일 새벽에 그 아이에게 교훈을 주려고 기다렸지만, 녀석은 나타나지 않았단다. 더 이상 기다리지 않으련다. 유감스럽지만 아무것도 녀석에게 알려 줄 수가 없구나." 오빠 사슴이 한탄하며 말했습니다.

　그러는 동안 올가미에서 빠져나오지 못한 젊은 사슴을
사냥꾼이 발견했습니다. 사냥꾼은 사슴을 죽이고, 사슴의
고기를 챙겨 그곳을 떠났습니다.

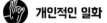 **개인적인 일화**

형은 전부터 늘 빠르고 강력한 기계, 특히 자동차에 애착이 있었지요. 10대의 사춘기에 형은 부모님의 자동차 열쇠를 몰래 훔쳐 내어, 다양한 근거리 드라이브를 즐겼습니다. 그가 사고를 낸 그날 밤까지 아무도 형의 이런 행동을 알지 못했습니다. 형은 도둑이 머드가드를 고장냈다고 말했지만, 부모님이나 경찰관은 믿지 않았습니다. 대체 어떤 도둑이 파손된 머드가드를 다시 자동차에 부착한단 말입니까? 형의 거짓은 미성년이고 형사 책임이 없어서 위기를 모면했습니다. 그렇다고 해서 몇 주 후 어머니의 오토바이를 타고 커브 길에서 점프하는 행동은 그 무엇으로도 막을 수가 없었습니다. 다행히도 가벼운 타박상 외에 큰일은 일어나지 않았습니다. 물론 오토바이는 완전히 망가지고 말았지만요. 지금 형의 본업은 자동차 수리공으로, 자기 일에 열정을 다하고 있습니다.

 **되돌아보기**

○ 최근에 나는 어떤 소중한 조언을 받았을까? 반면에 어떤 조언이 별로 소용이 없었을까?

○ 나는 누구로부터 주로 조언을 받고 있을까? 나는 어떤 사람의 조언은 받아들이지 않을까?

○ 다른 사람의 충고에 대해 나는 주로 어떤 태도를 취할까? 도움이 되는 충고를 감사하게 받아들일까? 아니면 대체로 받아들이지 않을까?

 **한 주의 목표**

---

이번 주에 나는 다른 사람들과의 대화에서 스스로의 가치를 높이는 데에 전력을 다할 것이다.

나는 상대방에게 조언을 구할 것이며, 그의 도움에 감사를 표할 것이다.

내가 타인에게 받은 힌트로 내 가치를 높일 수 있는지 그리고 그것이 내게 어떤 성과를 가져왔는지를 검토할 것이다.

# 제9화

# 달 속의 토끼

"항상 다른 사람과 좋은 일에
전력을 다하도록 준비하라."

옛날 옛적 숲속에서 박식한 토끼 한 마리가 살고 있었습니다. 이 토끼에게는 그를 존경하는 세 친구 원숭이와 자칼, 수달이 있었습니다. 낮에는 제각기 자기 먹이를 찾는데 시간을 보냈습니다. 그런 다음 저녁에는 모두가 구해 온먹이를 함께 먹었습니다. 이때 토끼가 세 친구에게 유용한생활을 하도록 권고했습니다.

"자네들은 다른 이들을 항상 돕고, 자네들이 가진 것을 그들하고 나누도록 하게."

식사 후에 그들은 각자 숙소로 돌아가서 잠들었습니다.

다음 날 저녁에 토끼가 다시 친구들과 식사할 때, 토끼는그들에게 이렇게 말했습니다. "나는 오늘 하늘의 별들을 연구했네. 달과 별들이 내게 말하기를 내일은 마음속 깊이 명상하기에 좋은 특별한 날이라네. 내일 자네들에게 누군가 먹을 것을 달라고 하면, 자네들의 먹이를 그에게 나누어 주게. 다른 이와 뭔가 나누려고 한다면, 풍성한 열매가 맺을 걸세."

친구들은 이 말에 공감하며 고개를 끄덕였고, 식사를 마친 후 각자 숙소로 돌아갔습니다.

다음 날 아침 수달은 평소처럼 먹이를 구하려고 길을 떠났습니다. 수달은 강변을 따라가다가 어디선가 갑자기 물고기 냄새가 나는 것을 느꼈습니다. 마침내 수달은 물고기 일곱 마리가 줄줄이 묶여 있는 아마포 자루를 발견했습니다. 낚시꾼이 물고기를 잡고 그 자리에 놓아둔 것이 틀림없었습니다.

수달은 사방을 둘러보다가 소리쳤습니다. "이 물고기 주인 계십니까?" 하지만 대답하는 사람이 없었습니다.

그래서 수달은 자루를 입으로 물고 집으로 돌아와서는, '이걸 어디 두었다가 나중에 적당할 때 맛있게 먹어야지' 하고 생각했습니다.

그러는 사이에 자칼도 먹이를 구하려고 길을 나섰습니다. 자칼도 어느 사냥꾼의 오두막 근처에서 두 개의 고기 꼬치와 죽은 도마뱀 한 마리, 그리고 우유가 담긴 병을 발견했습니다.

자칼은 "이 물건의 주인 계십니까?" 하고 세 번 소리쳤습니다.

하지만 대답하는 사람이 없었습니다. 자칼은 음식을 입에 물고 자기가 사는 굴로 돌아왔습니다. 그리고 '이걸 어디 두었다가 적당할 때 먹어야지' 하고 생각했습니다.

숲의 다른 곳에서 원숭이가 길을 나섰습니다. 원숭이는 망고나무에 기어 올라가 망고 몇 개를 따서 그것을 집으로 가져왔습니다. 원숭이도 '이걸 어디 두었다가 적당할 때 먹어야지' 하고 생각했습니다.

토끼 역시 그날 먹을 음식을 구하려고 분주히 움직였습니다. 토끼는 풀과 옥수수를 주워 모으고는, 이렇게 생각했습니다. '만일 누가 나에게 먹을 것을 달라고 부탁하면, 나는 그에게 풀과 옥수수를 주지 않고, 내 몸을 줄 테야.'

이날은 특별한 날이었기에 제석천帝釋天*은 숲의 동물들을 시험해 보기로 하였습니다. 제석천은 숲의 동물들이 다른 생명체에게 얼마나 너그러운지를 알고 싶었습니다. 그

---

* 제석천(帝釋天): 본래 인도의 신 인드라(Indra)로 천둥 번개를 다루는 신이자 신들의 왕이다. 불교에 수용되면서부터는 불법을 지키는 수호신이 되어 여러 신 가운데 가장 중요한 위치를 차지했다. 산스크리트어로는 사크라(Sakra)로 그리고 팔리어로는 사카(Sakka)라고 불린다.

는 인간의 모습을 하고 맨 먼저 수달의 집을 찾아갔습니다.

"무엇을 도와드릴까요?" 수달이 그에게 물었습니다.

"나는 먹을 것을 찾고 있다오" 하고 제석천이 대답했습니다.

"아, 그거야 문제가 아닙니다. 제게 물고기 일곱 마리가 있답니다. 자, 마음껏 드시지요."

그러자 제석천이 대답했습니다. "아직은 괜찮으니, 나중에 다시 오겠소."

그는 그곳을 떠나 자칼을 찾아갔습니다. 자칼은 자신을 찾아온 방문객이 먹을 것을 찾자, 자칼 또한 그에게 고기 꼬치와 도마뱀, 우유를 내밀었습니다. 하지만 제석천은 나중에 다시 오겠다며 길을 떠났습니다.

마침내 그는 원숭이를 만났습니다. 원숭이 역시 먹을 것을 나누어 줄 준비가 되어 있었습니다.

"여기 머물며 제 망고를 드세요."

"아직은 괜찮으니, 나중에 다시 오겠소" 하며 제석천이 대답했습니다.

그러는 사이에 밤이 되었고, 달이 중천에 떴습니다. 이때 제석천은 토끼를 만났습니다.

"이렇게 만나게 되어 반갑습니다. 무엇을 도와드리면 되겠습니까?" 토끼가 그에게 반갑게 인사했습니다.

"나는 먹을 것을 찾고 있다오." 제석천이 말했습니다.

"유감스럽게도 제게는 얼마간의 풀과 옥수수밖에 없습

니다. 그러니 제 몸을 드리겠습니다. 분명히 당신은 저를 죽일 마음이 없겠지만, 걱정하지 마세요. 장작 좀 가져와서 얼른 불을 피우세요. 나머지는 제가 알아서 하겠습니다." 토끼가 이렇게 대답했습니다.

제석천은 토끼가 어떻게 하려는지 보려고 불을 피웠습니다. 토끼는 작은 생명체들이 그의 털 속에서 헤매고 있다고 추측했습니다. 그래서 토끼는 그들이 해를 당하지 않도록 몸을 세 번 흔들었습니다. 그런 다음 달려가 불 속으로 뛰어들었습니다. 하지만 뜨거운 화염에도 토끼는 무사했습니다.

토끼는 이상하게 여기며 제석천에게 물었습니다. "이렇게 신기한 불이 있다니, 어떻게 된 것입니까? 불이 차갑다니요! 그러면 저는 당신께 제 몸을 드릴 수가 없겠군요."

이때 제석천이 자초지종을 설명했습니다. "나는 인간이 아니라 제석천이라오. 오늘은 특별히 내가 그대를 시험하려고 여기 왔소. 나는 그대가 다른 생명체를 위해 얼마나 너그러운지를 보고 싶었다오."

"누구든 저를 시험에 들게 하든지, 저는 항상 자발적으로 자선을 베풀 것입니다. 제게는 단 한 번의 삶이 있을 뿐이며, 저는 가장 고귀한 생명들 사이에서 함께 지내고 싶습니다." 토끼가 이렇게 말했습니다.

제석천은 이 대답에 매우 흡족했습니다.

"그대 박식한 토끼여, 온 세상이 영원히 그대의 미덕을 알게 될 것이오."

제석천은 화산에서 용암을 가져와, 그것으로 달 위에 토끼의 실루엣을 그렸습니다.

이어서 제석천은 숲을 떠났습니다. 숲속의 네 친구는 그 후로도 서로 의좋게 지내며 의미 있는 삶을 살았습니다.

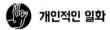 

저는 대학교에 다니면서 방과 후 아동 지원센터에서 일했습니다. 저는 대개 사회적으로 취약한 가정의 어린이들로 이루어진 언어발달 지원 단체를 담당했습니다. 초기에 저 자신과 아이들에게 높고, 때로는 비현실적이기도 한 교육적 성과를 요구했던 탓에, 결국 저는 스스로 기대치를 자주 하향 조정할 수밖에 없었습니다. 그로부터 몇 년 후 저는 제가 돌보던 어린이 중 두 명을 우연히 다시 만났습니다. 그중 한 아이는 지금 역에서 자잘한 범죄를 저지르고 다니는 것처럼 보였고, 다른 아이는 제게 대학생이 되었다고 자랑스럽게 말했습니다.

 되돌아보기

○ 나는 언제 마지막으로 무엇인가를 헌신적으로 행했을까?

○ 내가 자원봉사나 사회적으로 참여를 한다면, 그것은 어떤 분야일까?

○ 어느 정도까지 나는 누군가를 도와줄 준비가 되어 있

을까?

 **한 주의 목표**

이번 주에 나는 다른 사람을 어떻게 도와줄 수 있는지에 대해 몰두할 것이다.

나는 주변 지역이나 집 근처에 사회사업 및 자원봉사와 관련하여 어떤 단체가 있는지 알아볼 것이며, 어떻게 내가 적극적으로 참여할 수 있을지 깊이 생각해 볼 것이다.

또는 아주 단순하게 친구들이나 지인들에게 누가 나의 도움이 필요한지, 물어보고, 내 능력에 맞게 도움을 줄 것이다.

# 제10화

# 백지장도 맞들면 낫다

"아무리 어려운 임무도 조금씩 풀어 나가면
쉽게 끝낼 수 있다."

옛날 어느 마을에 부유한 상인이 살고 있었습니다. 그는
시골의 커다란 대지에 저택을 지었습니다. 상인은 재산을
도둑으로부터 지키려고 금을 몽땅 녹여 거대한 금괴로 만
들었지요. 금괴는 열 명의 남자가 운반해야 할 정도로 무
거웠습니다. 상인은 그 금괴를 바로 집 뒤에 파묻었습니다.
그래서 침입자는 그것을 찾을 수 없었고, 설령 찾아도 당장
에 들고 갈 수가 없었습니다.

상인이 고령으로 죽었을 때는 이미 많은 세월이 흘러서,
파묻은 금괴에 대해 아는 사람은 아무도 없었습니다. 그의
상속인들은 저택과 부동산을 이미 모두 팔아 버렸습니다.
집이 낡아서 철거되고 오랜 시간이 지난 후, 어느 농부가

그 땅을 헐값에 사들였습니다.

어느 날 그는 사들인 땅을 쟁기로 파헤치기로 작정했습니다. 금괴가 묻혀 있던 바로 그 자리에서 그는 그만 쟁기질을 멈추고 서 있었습니다. 그러자 그는 땅속에 딱딱한 나무뿌리라도 박혀 있다고 추측했습니다. 그래서 그는 삽을 가져와 땅속을 파내었습니다. 이때 그는 곧 금괴를 발견했습니다. 지주는 무릎을 꿇고 손을 금괴 아래로 넣어 들어 올리려고 했습니다. 하지만 금괴가 너무 무거워서 미동도 하지 않았습니다.

실망한 지주는 금괴 위에 앉아서 잠시 숨을 돌렸습니다. 그러면서 그는 이런저런 생각에 잠겼습니다. '저 금괴를 어디에 사용할까? 일부는 저것을 생필품처럼 가장 필요한 것에 사용해야지. 또 일부는 사업 자금으로 사용할 거야. 그래도 얼마는 자선금으로 기부해야지. 나머지는 다른 좋은 일을 하는 데 지출할 거야.'

그는 자신의 창고로 달려가서는, 얼마 지나지 않아 끌과 망치를 가지고 돌아왔습니다. 이 도구로 그는 금괴를 여러 부분으로 해체하기 시작했습니다. 이렇게 해서 그는 조각난 금을 집으로 운반할 수 있었습니다.

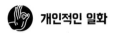 

영화 제작자 시절에 저는 항상 산더미 같은 과제에 직면했습니다. 종종 스트레스와 육체적이고 정신적인 부담에 시달리면서도 저는 계속 마감일을 지켜야 했습니다. 첫 아이디어 회의부터 제작비 문제를 거쳐 촬영과 그 후의 작업에 이르기까지 금방 수년이 흘러가곤 했습니다. 이 과정에서 계속 예상치 못한 문제를 당면해야만 했고, 이럴 때면 자신에 대한 회의에 사로잡히기도 했습니다. '정말 잘 해낼 수 있는 거야?' 아니면 '왜 나는 나 자신에게 이러는 거야?' 이런 생각을 하는 날이 수없이 많았습니다.

그래도 프로젝트를 실행할 때마다 작업을 작고 다루기 쉽게 나누어 처리하는 것이 제게는 도움이 되었습니다. 이런 식으로 저는 열망하던 목표에 서서히 접근했습니다. 완성된 영화를 최초로 관객에게 커다란 스크린에서 선보이는 순간은 돈으로 환산할 수 없이 감동적입니다. 그 순간만큼은 오랜 작업 동안의 모든 수고와 어려움을 잊게 합니다.

 **되돌아보기**

ㅇ 나는 이제까지 살아오면서 어떤 도전에 성공했을까?

○ 나에게 순간적으로 너무 어려워 보이는 과제가 있었을까?

○ 이 과제를 해결하기 위하여 나는 어떤 조치를 취할 수 있을까?

 **한 주의 목표**

나는 이제까지 해결하지 못한 중요한 과제를 메모할 것이다.

그런 다음 과제를 해결하는 데 필요한 조치를 생각할 것이다.

매번 조치가 완료된 후에는, 그에 대한 과정과 감정을 기록할 것이다.

# 제11화

## 중도中道

"중도는 언제나 화와 복을 결정하는 요인이다."

과거에 북을 치던 퇴역 군인이 어느 마을 근처 숲속에서 아들과 함께 살고 있었습니다.

그는 마을에서 커다란 축제가 열렸다는 소식을 듣자 아들에게 말했습니다. "우리도 축제에 가자꾸나. 이 아비는 북을 가지고 다른 연주자들과 같이 가려고 한다. 아마 우리도 돈을 좀 벌 수 있을 것 같구나."

실제로 마을 사람들은 그의 북을 치는 솜씨에 감탄하여 그의 모자에 많은 동전을 던져 넣었습니다.

그들이 저녁 늦게 짐을 챙겨서 돌아가려고 했을 때, 악기 연주자 중 한 사람이 그에게 경고했습니다. "이보게, 조심하게. 밤이 되면 숲속에 도둑 떼가 나타나 몹쓸 짓을 한다고 하네."

북 연주자는 그의 경고에 감사를 표하고 아들을 향해 말했습니다. "너도 들었겠지. 돌아가는 길에는 네가 북을 치렴. 그러나 계속 치지 말고 이따금 치거라. 영주의 무장한 근위대처럼 그렇게 북을 치면, 감히 우리 근처에 아무도 얼씬도 하지 못할 게다."

그렇지만 아들은 생각이 달랐습니다. 아들은 돌아가는 길에 쉬지 않고 북을 두드렸습니다.


두 여행자의 멀지 않은 곳에 도둑 떼가 야영하고 있었습니다. 그들이 첫 번째 북소리를 들었을 때, 우두머리가 이렇게 말했지요. "자네들, 저 소리 들리는가? 저것은 영주의 부대일 걸세. 공격하지 않는 편이 좋겠어. 분명히 병력의 수도 많을 거야."

도둑들은 고개를 끄덕이며 잠자리에 들었습니다. 하지만 북소리가 그치지 않아 우두머리는 의심이 들었고, 다른 도둑들을 깨웠습니다.


"영주의 부대가 아닌 것 같아. 뭔가 이상해. 한번 가서 살펴보자!"

도둑들은 말에 올라 북소리를 따라갔습니다. 도둑들이 퇴역 군인과 아이만 길을 가고 있는 것을 확인하자, 그들을 쓰러트리고 가진 것을 모조리 강탈했습니다.

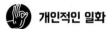 **개인적인 일화**

1월 2일이었습니다. 겨울 살이 갈비뼈 위로 불룩해져 있었습니다. 저는 이미 오랫동안 운동을 하지 못한 상태였지요. 그러나 여름까지 건강한 상태로 돌아가겠다는 결심을 하고는, 다시 운동을 시작했습니다. 다이어트 챌린지 첫 주에 적합한 유튜브 채널을 빨리 발견했는데, 유산소 운동부터 근력 운동까지 총망라한 프로그램이었습니다. 일주일 동안 매일 칠 분 이상 따라서 해 보았습니다. 처음에는 아주 순조롭게 진행되었습니다. 하지만 일주일이 지나자 저는 결국 대가를 치러야 했습니다. 극심한 근육통 때문에 거의 몸을 움직일 수가 없었습니다. 다가오는 야외 수영장 시기에 맞춰 아름답게 몸을 가꾸려던 제 의지는 이렇게 갑작스럽게 끝나고 말았습니다.

 **되돌아보기**

o 좋은 아이디어 같았는데, 돌이켜 보니 잘못된 결정이었다고 후회한 적은 없었을까? 아니면 급한 마음에 너무 과도하여 본래 겨냥했던 목적에 실패하지는 않았을까?

○ 나는 주어진 상황을 대체로 좋게 평가할까? 또는 나쁘게 평가할까?

○ 나는 나 자신의 생각에 따라 일을 진행하는 편일까? 아니면 다른 사람의 말을 더 잘 듣는다고 생각할까?

 **한 주의 목표**

---

나는 이번 주에는 좋아하는 일에 더 집중할 것이다.

그러면서 나는 내 몸과 감정에 미치는 영향에 주의를 기울일 것이다.

# 제12화

# 칠전팔기

"무엇인가에 더 집착하고 욕망을 추구하면 추구할수록,
포기하기가 그만큼 더 어려워진다."

아푸라는 이름을 가진 정원사는 호박, 오이 등의 채소와 그밖에 다른 식물을 경작하여, 시내에 있는 시장에 팔아 근근이 생계를 유지하고 있었습니다. 그가 가진 것이라고는 몸에 걸친 옷과 삽 하나뿐이었습니다.

하지만 아푸는 가격을 두고 끊임없이 흥정하는 것에 지쳐 버렸습니다. 그래서 세속적인 삶을 완전히 떠나 승려가 되기로 결심했습니다. 그는 진심으로 좋아하게 된 삽을 후미진 곳에 놓아두고, 북쪽으로 길을 떠났습니다. 그가 산중의 절에 도착했을 때, 승려들이 그를 환영해 주었습니다. 그들과 함께 정원사는 겸허한 생활을 하기 시작했습니다.

하지만 그는 늘 그의 삽과 정원 일, 그가 거둔 작은 수확으로 시내에서 거래했던 장사를 그리워하곤 했습니다. 그러다가 그는 절을 떠나 옛날 생활로 돌아왔습니다.

어느 정도 세월이 지나자, 그는 다시 자신의 생활에 권태를 느꼈습니다. 그래서 그는 또 절로 돌아갔는데, 이번에도 승려들이 그를 반갑게 맞이해 주었습니다. 이런 과정을 그는 일곱 번이나 반복했습니다.

그가 계속 시련을 겪으며 여덟 번째로 그의 옛 일터로 돌아왔을 때, 그는 삽을 손에 꽉 쥐고 생각했습니다. '너 때문에 나는 절에서의 조용한 생활을 이미 여러 차례 그만두었어. 이제 내게 평온이 깃들도록 너를 영원히 떠날 거야.'

그는 삽을 들고 강으로 가서 그 삽을 멀리 물속으로 던졌습니다.

그는 득의만만한 태도로 외쳤습니다. "나는 이겼다!"

그 소리를 마침 강변에서 손을 씻고 있던 왕이 들었습니다. 왕은 부하들에게 그를 데려오라고 시켰습니다.

아푸가 왕 앞에 섰을 때, 왕이 물었습니다. "네가 조금 전에 이겼다고 외쳤느냐? 나는 방금 전쟁에서 승리하여 돌아오는 중인데, 너는 누구를 이긴 것이냐?"

이에 대해 정원사 아푸는 대답했습니다. "전하, 전하께서 이런저런 전투에서 승리하셨다 해도, 감히 묻겠습니다만 그것이 정말 진정한 승리입니까? 저는 제 마음속의 탐욕을 이겨냈습니다." 그는 강 쪽을 바라보며 계속 말했습니다. "여전히 마음속에 공격성이 있다면, 승리는 진정한 승리가 아닙니다. 전하께서 본인의 탐욕을 이길 때만, 전하는 진정한 승리자가 되십니다."

이 말이 왕에게 큰 감동을 주었고, 왕 역시 그의 마음속 탐욕을 단념하기로 결심했습니다.

왕은 아푸에게 물었습니다. "이제 너는 무엇을 하려고 하느냐?"

아푸는 대답했습니다. "저는 히말라야로 가서 거기서 승려로 살 작정입니다."

그러자 왕도 그곳으로 함께 가기로 했습니다. 왕의 군대와 그곳에 살던 백성들까지도 히말라야로 향했습니다. 아푸는 마침내 그곳에서 승려가 되었고, 왕과 그의 시종들까지도 승려가 되었습니다. 그리고 마침내 그들 모두는 깨달음을 얻게 되었습니다.

 **개인적인 일화**

적어도 1년에 한 번, 저는 명상을 하려고 묵언 수행 사찰에서 며칠을 지냅니다. 그동안에는 핸드폰은 물론이고 대중매체도, 어떠한 소비도, 어떤 종류의 기분전환도 없습니다. 시선은 오직 내면만을 향합니다. 그러면 끊임없이 제 머리를 맴돌던 복잡한 생각들이 점차 진정됩니다. 다시 일상으로 되돌아오면, 저는 커피나 초콜릿, 포도주와 맛있는 음식 등 생활이 가져오는 그 모든 안락함과 쾌락을 누립니다. 이렇게 쾌락의 목록은 끝이 없이 계속됩니다. 부처에 따르면 탐욕은 끊임없이 고통을 유발하는 기본적인 해악의 하나입니다. 저는 종종 스스로를 물질적인 사물과 이념적인 가치 사이에서 고민하던 역사 속 승려인 것처럼 느낍니다. 제가 고요와 침잠의 자리에서 더 오래 머물면 머물수록, 삶에서 무엇이 진실로 중요한 것이지 그만큼 제게 더 명확해집니다.

 **되돌아보기**

○ 내게는 포기할 수 없거나 포기하고 싶지 않은 어떤 것이 있을까?

o 왜 이 물건은 내게 그렇게 중요할까? 왜 나는 그것에
   그토록 집착할까?

o 내 삶에서 실제로 필요한 것은 무엇일까?

 **한 주의 목표**

이번 주에 나는 나의 소비 생활과 관련하여 더 많은 주의를 기울일
것이다.
내가 새로운 제품 내지 새로운 물건에 대해 욕망을 느낀다면, 나는
잠시 여유를 갖고 그 욕망을 평가함이 없이 되돌아볼 것이다.
나는 무엇이 이 욕망을 부추기는지, 이 욕망은 실제로 나의 가치관과
일치하는지를 자문해 볼 것이다.

# 제13화

# 젖은 나뭇가지와 차가운 쌀

"양심적으로 일을 처리하지 않는 사람은 본인뿐만
아니라 다른 사람의 일마저도 방해한다."

어느 유명한 선생님은 500명의 학생에게 자연의 이치를
가르치고 있었습니다. 선생님은 겨울용 땔감을 비축하기
위하여 학생들을 모두 나무하러 숲으로 보냈습니다. 그런
데 한 학생이 커다란 나무로 다가가서는, 손으로 나무껍질
을 더듬으며 이렇게 생각했습니다. '이 나무는 썩고 마른 느
낌이야. 저 위로 기어 올라가 나뭇가지를 꺾어서 아래로 던
져야지.' 학생이 나무 꼭대기에 기어오르자, 그는 거기서 잠
시 쉬고 싶었습니다. 그래서 그는 커다란 나뭇가지 위에 앉
아서 기둥에 등을 기댔고, 그는 곧 코를 골며 잠이 들고 말
았습니다.

그러는 사이에 함께 온 학생들은 열심히 나무를 주워 다

발로 묶어 두었습니다.

이어서 그들은 나무 위로 크게 소리쳤습니다. "이제 우리는 마차를 가져올 거야. 얼른 서둘러, 그리고 너의 나무 뭉치를 우리에게 던지렴."

나무 위에 있던 학생은 하품하는 동시에 기지개를 켰습니다. 그는 여전히 잠에 취한 채 나뭇가지 하나를 꺾었습니다. 이때 그는 서툰 나머지 나뭇가지에 눈을 찔렸습니다. 그러자 한 손으로는 다친 눈을 비비면서 다른 손으로는 무작정 나뭇가지를 꺾어서 아래로 내던졌습니다. 그는 자신이 무엇보다 젖은 가지를 꺾었다는 사실을 알지 못했습니다.

마침내 그가 나무에서 기어 내려와 나무를 묶어서 다른 뭉치가 놓인 마차 위에 실었습니다. 다음 날 아침, 학생들은 선생님이 요청한 몇 가지 심부름을 하기 위해 마을로 가야 했습니다. 그 전에 학생들은 밥을 먹고 힘을 내고 싶었습니다. 하지만 그들은 냄비를 올려놓고 불을 피울 수가 없었습니다. 불을 피우려고 계속 시도해 보았지만, 나무가 너무 젖었다는 사실을 이제야 알아차렸습니다. 어느 순간 뭔가 다시 하기에는 때가 너무 늦었던 것입니다.

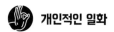 **개인적인 일화**

이번 주에는 오랜 친구들이 제가 사는 도시에 옵니다. 우리는 어린 시절 학교 다닐 때부터 알았지만, 오랫동안 서로 만나지 못했어요. 저는 그 친구들을 집에 초대했습니다. 당연히 저는 가장 좋은 것만 그들에게 보여 주고 싶었습니다. 지금 저는 전보다 훨씬 발전했습니다. 아니, 저는 더 이상 예전의 혼란스러운 공상가가 아닙니다. 저는 우선 집을 급히 청소해야 했고, 목욕탕은 티끌 하나 없이 깨끗이 닦아야 했습니다. 물론 청소는 제가 좋아하는 일이 아닙니다. 다른 모든 일은 해도 양동이와 솔만은 손에 들지 않으려고 했습니다.

친구의 방문이 코앞에 닥쳤고, 시간이 촉박해졌습니다. 물이 새는 수도꼭지도 고치려고 했지만, 오래된 건축물의 녹슨 파이프의 경우에 그게 쉽지 않습니다. 결국 수도관이 파열되었고, 물이 욕조를 넘쳐 부엌으로 흘러갔습니다. 이렇게 되어 결국 저는 친구들과 집에서 만나지 못하고, 제가 좋아하는 레스토랑에서 만나게 되었습니다.

 **되돌아보기**

ㅇ 나는 당면한 과제에 대해 미리 많은 생각을 할까? 아니

면 단순하게 넘어갈까?

○ 당면한 과제를 목적에 더 부합하게 완료하기 위하여 나는 어떻게 해야 할까?

○ 내가 어떤 과제를 지체하지 않고 성공적으로 끝마쳤을 때, 그 느낌은 어떠했을까?

 **한 주의 목표**

이번 주에 나는 해결해야만 하는 과제의 목록을 만들 것이다.
그런 다음 과제마다 해결했을 때는 나 자신에게 상을 줄 것이다.
가장 어려운 과제를 해결했을 때는 가장 큰 상을 줄 것이다.
과제를 어떤 순서로 해결할 것인지는 중요치 않다.

# 제14화

# 사막에서의 과제

"때로는 너무 빨리 포기하지 않고,
성급한 결론을 내리지 않는 것이 좋다."

어느 도시에 매번 마차 오백 대의 대상隊商을 이끌고 출장을 다니던 부유한 상인이 살고 있었습니다. 출장마다 그는 칠백 킬로미터나 되는 긴 사막을 지나가야만 했습니다. 낮 동안에는 더위 때문에 이동하지 못하고, 밤에만 돌아다닐 수 있었습니다. 일과는 다음과 같았습니다. 해가 뜨면 모든 마차와 소들을 함께 모아 놓고, 햇빛으로부터 보호하기 위해 차양을 설치했습니다. 일꾼들은 식사하고 그늘에서 쉬었습니다. 사막의 열기가 가라앉기 시작했을 때야 비로소, 일꾼들은 소가 끄는 마차에 올라 길을 떠났습니다.

사막을 가로질러 목적지까지 불과 몇 킬로미터만 남겨두었던 어느 날 저녁, 상인은 생각했습니다. '오늘 밤에 우

리는 이 사막을 통과할 거야. 하지만 우리에게는 더 이상 필요 없는 물이 너무 많아.'

일꾼들이 저녁 식사를 끝낸 후, 상인은 그들에게 넘치는 식수를 물통에서 쏟아 내고, 장작도 버리도록 지시했습니다. 이와 같은 비축품 없이 대상은 앞으로 나아갔습니다.

대상을 이끌던 길잡이는 올바른 방향을 정하기 위하여 밤에는 항상 별을 관측했습니다. 하지만 그는 오랜 출장으로 이미 기진맥진하여 깜빡 잠들고 말았습니다. 밤새도록 소들이 마차를 끌고 앞으로 나아갔지만, 소들이 크게 원을 돌며 이전의 야영지로 되돌아왔다는 사실을 아무도 알아차리지 못했습니다. 길잡이가 잠에서 깨어났을 때, 그는 경악하여 즉시 방향을 돌려야 한다고 크게 외쳤습니다.

그러나 해는 이미 뜨고 있었습니다. 일꾼들은 놀라 소리쳤습니다. "어제 여기서 야영을 했는데, 이제 마실 물도 없잖아! 하늘이시어, 우리를 부디 도와주소서!" 그들은 더위를 피해 필사적으로 차양 아래로 기어갔습니다.

반면에 상인은 침착함을 유지하려고 노력했습니다. '내가 여기서 포기라도 한다면, 우리 모두 끝장이 날 테지' 하고 그는 생각했습니다.

기온이 떨어지자, 상인은 야영지 부근을 돌아다니다가 사막의 모래에서 덤불을 발견했습니다. '저 밑에는 물이 있겠구나' 하고 그는 추측했습니다. 그는 일꾼들을 시켜 그곳에 구덩이를 파도록 했습니다. 그런데 일꾼들이 삽질하다가 삽이 바위에 부딪혔습니다. 상인은 구덩이 속으로 내려가, 바위에 귀를 대고 무슨 소리를 들으려고 했습니다. 이 때 바위 아래로 물이 흐르는 소리가 귀에 들려 왔습니다.

그 구덩이에서 다시 위로 기어 올라와 한 젊은이에게 지시했습니다. "이 곡괭이를 가지고 아래로 내려가 바위를 부서트리게!"

젊은이는 상인의 지시에 대해 회의적이었지만, 일단은 따랐습니다. 그가 한 번 강하게 내리치자 바위 밑에 균열이 생기고, 이어서 바위가 부서지기 시작했습니다. 부서진 바위 사이로 물이 쏟아져 나오자, 모두가 환호성을 질렀습니다. 사람들은 물론 소도 충분히 물을 마셨습니다. 그들은 다시 길을 떠날 수 있었습니다. 안전하게 목적지에 도달하자, 그들은 성공적으로 장사를 마쳤습니다. 그들은 전에 바라던 것보다 더 많은 돈을 벌었습니다.

**개인적인 일화**

전부터 한번 하프 마라톤에 참가하는 것이 저의 목표였어요. 하지만 아무도 제 주변에서 제가 그것을 실행하리라고는 믿지 않았습니다. 저는 빨리 등록을 마쳤습니다. 저는 계획적으로 훈련을 시작했고, 달리는 거리도 단계적으로 늘렸습니다. 그러나 처음의 행복감은 금세 가라앉았고, 운동화를 보니 점점 더 마음이 불편해졌습니다. 저는 제 인내심과 의지력을 의심했습니다. 과연 내 무릎이 마라톤을 견뎌낼 수 있을까? 몸도 여기저기 아픈 듯했습니다. 곧 하프 마라톤 개최일이 다가왔습니다. 저의 최대의 적은 제 자신이었습니다. 결승선에 도착했을 때, 저는 완전히 지쳐 버렸지만, 믿을 수 없을 만큼 행복했습니다.

**되돌아보기**

○ 어떤 상황에서 나는 나 자신과 나의 능력을 의심할까?

○ 나의 의심은 본래 나에게서 오는 것인가 아니면 다른 사람들에게서 길러지는 것일까?

○ 어떤 상황에서 나는 포기하지 않고 일을 계속 추구하

여 목적을 이루었을까? 그때의 기분은 어땠는가? 무엇
으로부터 나는 힘을 얻었을까?

 **한 주의 목표**

이번 주에 나는 나의 부정적인 고정관념을 타파하고 싶다.

나 자신이나 무엇인가를 의심한다면, 나는 즉시 그것을 멈출 것이다.

나는 그런 의심이 정당한 것인지 자문해 보고, 이와 관련하여 느끼게
된 감정을 받아들일 것이다.

그런 다음 두 번째 시도를 할 것이다. 아무리 가벼운 의심이 다시 생
길 조짐이 있어도, 나는 팔을 쭉 펴면서 "그만!"이라고 크게 외칠 것
이다.

## 제15화

# 나무로부터 배울 수 있는 것

"모두가 숲속의 나무처럼 서로를 위해 준다면,
폭풍우가 몰려와도 그들을 흔들 수 없을 것이다."

어느 날 나무의 신이 제자들에게 말했습니다. "너희는 자연의 신이며, 식물과 나무에서 사는 존재이다. 이제 가서 너희가 살고 싶은 장소를 선택하거라." 이어서 나무 신은 한 마디 덧붙였습니다. "우리는 여기 히말라야산맥에 있다. 넓은 통로에 홀로 서 있는 나무를 살 곳으로 선택하지 마라. 내가 이미 살고 있는 살라Sala 숲에서 사는 것을 선택하는 것이 좋을 것이다."

사려 깊은 신들은 이 충고에 따라서 최고 신이 거주하는 숲 주위에 거처를 마련했습니다.

하지만 다른 몇몇 신들은 생각이 달랐습니다. "우리가 오히려 뭔가 체험하려면 인간 근처의 마을과 도시에 사는 것이 나을 거야. 신들이 존경받는 그곳에서 말이야." 그래서 그들은 빈터에서 자라는 외로운 큰 나무들을 선택했습니다.

어느 날 폭풍이 몰아쳤습니다. 폭풍이 너무나 강렬하여, 빈터에 서 있는 나무들과 심지어는 숲의 고목들마저 쓰러졌습니다. 촘촘히 붙어서 자라던 나무들에 살던 현명한 신들의 장소만이 해를 당하지 않았습니다. 그곳에서 나무들은 뿌리로 서로 연결한 채 의지하며 살았던 것입니다.

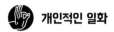 **개인적인 일화**

쾰른에서 대학을 다니는 동안 제 옆집에는 연로한 부인이 살고 있었습니다. 그녀는 남편을 사별한 후 이미 수년 동안이나 홀로 살고 있었습니다. 그녀의 자식들도 그녀를 찾아오는 일이 매우 드물었습니다. 이따금 저는 소방서에 전화를 걸곤 했는데, 그녀가 감자를 레인지에 올려놓은 채 잠들었기 때문이었습니다. 연기 감지기의 날카로운 신호음조차도 그녀를 깨울 수 없었습니다. 당시에 저는 공동체가 얼마나 중요한지 잘 깨닫지 못했습니다. 저 자신이 어느 정도 나이가 든 지금, 제가 피자를 화덕에 올려놓고 깜박 잠들면 누가 저를 깨워 줄지 걱정이 들곤 합니다.

 **되돌아보기**

○ 어떤 삶의 형태를 나는 가장 좋아하는 것일까? 혼자서 사는 것일까? 아니면 공동체 속에서 더불어 사는 것일까? 나는 도시와 시골 중에서 어디에 사는 것을 선호할까?

○ 노년에 나는 어떤 주거 형태를 생각하고 있을까? 이에 대해 깊이 생각하고 있을까 아니면 아무런 생각도 하

지 않을까?

○ 나는 실제로 내가 원하는 방식으로 살고 있을까? 그게
아니라면, 나는 내 삶의 형태를 어떻게 바꿀 수 있을까?

 **한 주의 목표**

---

이번 주에 나는 여러 가지 주거 형태를 깊이 검토해 볼 것이다.

이에 대해 어떤 종류가 있는지 인터넷에서 조사해 볼 것이다. 나는

그중 어떤 주거 형태가 내가 사는 도시나 주거지 근처에서 제공되는

지 살펴볼 것이다.

내게는 노년을 위한 특별한 주거 계획이 있는가? 공동체를 전제로

하는 그 밖의 대안적 모델이 있을까?

# 제16화

## 민감한 황소

"거친 말은 누구나 듣기 싫고,
친근한 말은 누구나 듣기 좋다."

어느 소박한 농부는 그간 모아 둔 돈으로 어린 송아지 한 마리를 샀습니다. 송아지 외에 기르는 동물은 없었지요. 농부는 송아지를 사랑스럽게 다루었고, 고급 사료를 먹이며 친자식처럼 정성껏 길렀습니다. 송아지의 이름은 난디였습니다. 난디가 튼튼한 황소로 성장했을 때, 난디는 이렇게 생각했습니다. '나는 아주 귀하게 자랐어. 이제 나는 어디로 보나 가장 강한 황소야. 감사함의 증표로 주인님께 무언가 헌신하고 싶어.'

하루는 황소가 농부에게 말했습니다. "주인님, 저는 이 근방에서 가장 힘이 센 황소입니다. 이런 모습을 사람들에게 보여 주면, 주인님은 그걸로 돈을 좀 벌 수 있지 않을까요?"

"그걸 어떻게 제대로 보여 준단 말이냐?" 농부가 황소에게 물었습니다.

"부유한 소 장사꾼을 찾아서 내 황소가 짐을 실은 마차 백 대를 끌 수 있다고 말하세요. 그러면서 그에게 황금 천 냥을 내기로 거세요."

농부는 그 말을 받아들이고, 어느 부유한 소 장사꾼을 만나 내기를 제안했습니다.

며칠 뒤에 일이 성사되었습니다. 내기를 위해 짐을 실은 마차 백 대가 준비되었습니다. 마차들은 두꺼운 밧줄로 서로 연결되어 있었습니다. 농부는 황소를 마차 행렬의 선두로 끌고 가서, 앞 마차의 멍에에 연결했습니다. 그런 다음 그는 황소 등에 앉아서 큰 소리로 응원했습니다. "이랴, 이 야차夜叉 같은 녀석아! 힘차게 끌어라!" 그러자 황소는 생각했습니다. '어째서 주인님은 내게 그렇게 큰소리를 지르며 나를 야차라고 부르지? 나를 이렇게 다룬 적은 한 번도 없었는데.' 이런 이유로 난디는 조용히 멈춰 서서 한 발짝도 움직이지 않았습니다. 물론 마차 행렬은 미동도 없었지요. 그러자 소 장사꾼은 배꼽을 잡고 웃었습니다. 농부는 내기에 져서 금화 천 냥을 내놓아야 했습니다. 이 때문에 그가 모아둔 돈 전액이 사라지고 말았습니다. 농부는 말없이 그의 황소를 끌고 집의 외양간으로 돌아왔습니다. 그는 풀이 죽은 채 잠자리에 들었습니다.

이때 황소 난디가 그를 찾아와 "주무시나요, 주인님?" 하고 물었습니다.

"아니, 내가 어떻게 잠을 잘 수 있겠니? 금화 천 냥이나 잃었는걸."

"주인님, 제가 이 집에 사는 동안 뭔가를 망가뜨리고, 누구를 해치거나 나쁜 짓을 한 적이 있나요?"라고 황소가 농부에게 물었습니다.

농부는 대답했습니다. "아니, 너는 늘 행실이 좋았지."

이때 난디가 말했습니다. "그런데 왜 주인님은 오늘 저를 야차라고 욕하셨나요? 저는 내기에 책임이 없어요. 다시 소 장사꾼에게 가서 한 번 더 내기를 제안하세요. 이번에는 금화 이천 냥을 걸기로 하세요. 그러나 다시는 저를 야차라고 부르지 마시고요."


농부는 다시 소 장사꾼에게 갔습니다. 소 장사꾼은 농부가 정신이 나갔다고 생각했지만, 다시 내기하자는 제안을 수락했습니다. 곧 백 대의 마차가 준비되었습니다. 그렇지만 이번에 농부가 그의 황소를 데려와 맨 앞의 마차에 연결했을 때, 농부는 황소의 목에 화환을 걸어 주었습니다.

그는 난디의 등을 부드럽게 쓰다듬으며 말했습니다. "자, 최고 황소야, 네가 얼마나 힘이 센지 보여 주거라!"

그 말을 듣자 황소는 서슴없이 앞으로 나아갔습니다. 단번에 마차들이 굴러가기 시작했습니다. 황소가 마차의 대

열을 몇 미터나 끌고 나가자, 소 장사의 눈이 놀라서 휘둥
그레졌습니다. 이번에는 웃을 기분이 아니었습니다. 이렇
게 소 장사는 내기에 패배했고, 그는 말없이 농부에게 금화
이천 냥을 건넸습니다.

## 개인적인 일화

몇 주 동안이나 저는 모차르트의 진혼곡 연주를 기다렸습니다. 입장권은 우리의 만남을 기념하기 위한 제 여자 친구의 선물이었답니다. 하지만 연주회 직전에 저는 직장과 집에서 많은 스트레스를 받았습니다. 게다가 집에는 수리기사가 와 있는 상황이었죠. 그래서 신경은 곤두서 있었고, 사소한 일에도 머리끝까지 화를 냈습니다. 몇 가지 쌓인 일은 분노로 터져 나왔고, 제 여자 친구가 그것을 고스란히 받았습니다. 저는 이 상황에서 제가 그녀를 어떻게 대했고, 그녀에게 어떤 말을 했는지 정말 부끄럽기만 합니다. 아무튼 이 사건으로 입장권은 사라져 버렸고, 저를 위한 진혼곡 또한 없어져 버렸습니다.

## 되돌아보기

○ 나는 나의 삶의 동반자, 또는 아주 좋은 친구에게 크게 화를 낸 일이 있을까?

○ 나의 행동이 이미 다른 사람과의 갈등을 유발한 적이 있을까? 그렇다면 나는 그것을 어떻게 해결했을까?

o 나는 나의 욕구를 다른 사람들에게 어떻게 표현할까?

 **한 주의 목표**

이번 주에 내가 누군가에게 화가 나면, 다음의 세 가지 규칙을 적용하여 그 사람과 대화를 나눌 것이다.

• **지각**: 나는 당신이 어떻게 행동하는지 깨닫고 있습니다.

• **영향**: 당신의 이런 점이 내게 영향을 주고 공격적으로 보이며, 나는 당신의 이런 점에 의해서 상처받고 있습니다.

• **소망**: 나는 당신이 이런 점을 또는 이런 행동을 그만두기를 바랍니다.

**대화의 예**: 나는 당신이 최근에 나를 소홀히 대한다는 사실을 깨달았습니다. 그것이 내게는 공격적인 태도로 보입니다. 우리가 더 많은 대화를 나눌 수 있기를 바랍니다.

## 제17화

# 가장 사랑하는 사람에게 깃털을 남기다

"적든 많든 상관없이, 자신의 노력 없이 얻는 것에는
만족해야 한다."

어느 부부에게 세 딸이 있었습니다. 딸들의 이름은 각각
난다, 나다파티, 준다리난다였습니다. 딸들이 다 크고 결혼
까지 했을 때, 아버지가 돌아가셨습니다. 아버지는 황금 백
조로 환생했는데, 자신의 전생을 여전히 기억할 수 있었습
니다. 그는 자기 부인과 세 딸이 어떻게 지내고 있는지 궁
금했습니다. 그리고 그는 본인이 죽은 후에 그들이 어려운
상황에 빠졌다는 것을 알았습니다. 지금 그들은 쥐꼬리 만
한 임금을 받고 일하며, 가난하게 살고 있었습니다.

백조가 된 아버지는 그들의 집으로 날아갔습니다. 그의
부인과 딸들은 왜 백조 한 마리가 창턱에 날아와 앉았는지
이상하게 여겼습니다. 아버지가 그들에게 말했습니다. "나
를 두려워하지 말거라. 바로 나란다. 너희들의 아버지 말이

다. 나는 죽은 후 황금 백조로 환생해, 이렇게 너희들을 찾아왔단다. 너희들이 가난하게 살아가지 않도록, 앞으로 내가 찾아올 때마다 나의 황금 깃털 하나를 주마."

그는 그들에게 깃털 하나를 주고 날아갔습니다. 그는 이후에도 계속 이 집에 찾아와 깃털을 남겼습니다.

어느 날 어머니가 딸들에게 이렇게 말했어요. "한때 너희들의 아버지라던 백조가 믿을 만한지 누가 알겠니? 다음에는 그의 깃털을 모조리 뽑아내자!"

"안 돼요, 그러면 상처를 입잖아요!" 딸들이 어머니의 주장에 반대했습니다. 하지만 어머니는 욕심을 버리지 않았습니다. 백조가 다시 찾아왔을 때, 어머니는 백조를 잡아 깃털을 모조리 뽑아냈습니다. 그러나 깃털은 백조의 의지에 반해 뽑혔기 때문에, 그것은 더 이상 황금이 아니었습니다.

이 순간 백조는 달아나고 싶었습니다. 백조는 날개를 펴려고 했지만, 깃털이 없어 날 수가 없었습니다. 그의 부인은 혹시나 다시 황금 깃털을 얻을 수 있을까 하여 백조에게 음료와 먹을거리를 주었습니다. 백조에게 새 깃털이 돋아났지만, 그것은 평범한 하얀 깃털에 불과했습니다. 이때 백조는 즉시 날개를 활짝 펴고 날아갔습니다. 그런 다음, 더는 그곳으로 돌아오지 않았습니다.

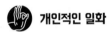 

초인종이 울립니다. 희한한 복장을 한 두 소년이 "사탕 주면 안 잡아먹지!"라고 외칩니다. 한 친구는 악마, 다른 친구는 해적 복장으로 변장했습니다. 매년 그렇듯이 저는 최대한 잘 준비했고, 다양한 과자로 가득 찬 바구니를 꺼내 왔습니다.

"하나 가져가렴." 소년들은 제 말을 잘 따랐습니다. 하룻밤 동안 많은 어린아이가 초인종을 울리고, 제가 내민 것 중 무엇인가를 선택합니다. 한참 지나서 제가 다시 문을 열 때, 제 앞에 악마와 해적이 다시 서 있었습니다. "너희들은 오늘 벌써 다녀갔잖아, 안 그래?"

"아니요, 그럴 리가요"라고 두 소년이 제게 거짓말을 했습니다. 의심과 관대함이 섞인 눈으로 마지막 남은 과자를 두 소년에게 나누어 주었습니다. 그러자 바로 뒤이어 마녀 복장의 두 소녀가 초인종을 눌렀습니다. 하지만 유감스럽게도 저는 두 소녀를 빈손으로 돌려보낼 수밖에 없었습니다. 악마와 해적이 너무 욕심이 많았기 때문입니다.

 되돌아보기

○ 내가 최근에 예기치 않게 받은 선물은 무엇일까?

○ 그것에 나는 만족했을까? 뭔가 또 다른 것을 바랐던가, 아니면 그 이상을 받고 싶었을까?

○ 그 이상이나 다른 어떤 것이 정말 나를 만족시킬 수 있을까? 그런 소망의 저변에 어떤 다른 욕구라도 있는 것은 아닐까?

 **한 주의 목표**

---

나는 이번 주에 기분 좋은 일, 예컨대 취미생활, 식사, 쇼핑 등을 즐길 날을 계획하고, 그것을 개인적으로 주일의 정점으로 생각할 것이다.

동시에 나는 도움이 필요한 사람들에게 기쁨을 줄 것이다. 지갑이나 재킷 주머니에 5만원을 5천원으로 준비해 도움이 필요한 사람을 볼 때마다 5천원을 줄 것이다.

# 제18화

# 욕심이 끝이 없던 자칼

"우리 마음속에서 물질적 탐욕이 생길 때,
우리는 그것에 맹목적으로 지배되어서는 안 된다."

굶주린 자칼이 먹이를 찾다 죽은 코끼리를 보았습니다.
보통 자칼은 작은 동물의 살만 먹었지, 한 번도 코끼리를
먹어 본 일이 없었어요. 하지만 그날은 배가 너무 고파 한
번 시도해 보기로 했습니다.

자칼은 회색 코끼리에게 다가가 조심스럽게 코를 베어
물었습니다. 그러나 그것이 너무 질겨서 물어뜯을 수가 없
었습니다. 다음에 자칼은 코끼리의 큰 귀를 깨물어 보았고,
이어서 코끼리의 뱃가죽을 깨물어 보았습니다. 하지만 이
모든 부분이 너무 질겨서 먹을 수가 없었습니다. 자칼은 생
각했습니다. '나는 이 커다란 동물을 먹을 수가 없어. 계속
배고픈 채 지내야지, 뭐…'

자칼이 돌아서서 가기 전에, 마지막으로 한 번 더 시도해

보려고 죽은 코끼리의 엉덩이를 깨물어 보았습니다. 그런데 엉덩이 부분은 부드러웠습니다. 자칼은 육즙이 많은 살 냄새를 맡았습니다. '마침내 좋은 부위를 찾아냈어!' 자칼은 즐거워하며 물어뜯은 틈새로 코끼리의 살 속까지 먹었습니다.

자칼은 결국 코끼리의 내장까지 먹어 치웠습니다. 이제 자칼은 목이 마르자, 코끼리의 피를 빨아먹었습니다. 실컷 먹고 나서 자칼은 죽은 코끼리의 배 속에서 사지를 쭉 뻗고 잠들었습니다.

잠에서 깨었을 때, 자칼은 생각했습니다. '이 죽은 코끼리는 나에게 완벽한 동굴과도 같아. 게다가 내가 원하는 대로 실컷 먹고 마실 수도 있어.' 그래서 자칼은 죽은 코끼리의 몸속에 머물며 먹고, 마시고, 자기를 반복했습니다. 그러다 보니 자칼은 밖이 점점 더워지고 있고, 코끼리의 피부가 건조해지면서 수축하기 시작한다는 사실을 알아차리지 못했습니다. 그래서 자칼이 드나들던 입구는 폐쇄되었고, 코끼리 몸 안은 칠흑같이 어두워졌습니다. 자칼은 처음에는 고기의 맛이 좀 건조해지고, 피가 줄어들었다고 생각했습니다. 그러나 숨을 쉬기에 공기가 희박해지자, 자칼은 일어서서 코끼리 몸 뒤에서 출구를 찾아보았으나 허사였습니다.

이렇게 며칠이 흘러갔습니다. 자칼은 죽은 코끼리를 발견한 날처럼 목이 마르고 몹시 쇠약해졌습니다.

운이 좋게도 밖에 비가 내리기 시작했습니다. 그래서 코끼리의 건조한 시체는 부드러워지고 거의 본래의 형태로 되돌아왔습니다. 한 줄기 빛이 다시 엉덩이의 틈새로 들어오면서 자칼에게 살아 나갈 길을 만들어 주었습니다. 자칼은 전력을 기울여 작은 틈을 비집고 나아갔습니다. 그러나 틈이 너무 좁아서, 비집고 나오는 과정에서 털을 모두 잃었습니다. 깃털을 뽑힌 닭처럼 털이 없어진 자칼은 밖으로 나와 몇 발짝 비틀거리다가, 바로 바닥에 주저앉아 버렸습니다. 자칼은 크게 후회하며 맹세했습니다. "너무 욕심을 부려서 이 고난이 내게 온 거야. 이제부터 나는 새로워질 테야." 이때부터 자칼은 더 이상 욕심을 부리지 않았고, 정신적으로도 더 자유로워졌습니다.

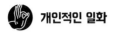 **개인적인 일화**

대학에서의 마지막 학기에 저는 졸업 논문을 작성하는 데 몰두하고 있었습니다. 저는 도서관에 있는 컴퓨터 앞에서 대부분을 보냈습니다. 저는 다가오는 부활절 연휴를 고향에서 보내고 싶어서 열심히 논문에 매달렸습니다. 우리 가족은 이 연휴에 매년 산으로 여행을 떠났습니다. 등산은 저에게 숨통을 만들어 주고, 재충전을 할 수 있는 절호의 기회였죠. 공부에 지친 저는 안도감을 느끼며 가족과 함께 부활절 식사를 즐겼습니다. 형은 특별 요리를 준비했습니다. 그는 칠면조 베이컨 말이, 크뇌델(독일식 만두), 양배추, 그레이비 소스를 내놓았습니다. 접시가 음식으로 계속 채워지는 동안, 친척들에게 "무척 수척해졌구나"라는 말을 계속 들었습니다. 디저트로 초콜릿과 수제 쿠키 등 온갖 단 음식 또한 배 속으로 들어왔습니다. 하지만 너무 폭식한 나머지 결국 저는 위장 장애로 산행을 함께할 수 없었습니다.

 **되돌아보기**

o 만일 가능하다면, 나는 무엇을 끊임없이 하고 싶을까?

o 나는 언젠가 질릴 정도로 풍요를 누릴 수 있을까, 아니

면 그건 상상도 할 수 없는 일일까?

o 어떻게 하면 나는 나의 욕망을 제어할 수 있을까? 나
자신을 제한해야 할 어떤 일이 있을까?

 **한 주의 목표**

---

나는 어떻게 하면 내 행동을 더 의미심장하게 나누어 사용할 것인지
에 대해 숙고할 것이다.

어떤 일에 대해서는 확고한 일정을 계획하고, 또 어떤 일에 대해서는
정확한 기간을 설정할 것이다.

그런 다음 이런 식으로 시간을 절약할 수 있는지 확인하고, 이 시간
을 오로지 휴식을 취하는 데만 사용할 것이다.

# 제19화

## 악은 뿌리째 뽑아야 한다

"어떤 문제가 너무 커지기까지 기다리지 마라.
악은 뿌리째 뽑는 것이 가장 좋다."

산에서 내려온 어느 승려가 도시로 와서 탁발하러 다녔습니다. 그가 왕궁 근처에서 산책하고 있을 때, 왕이 창가에서 그를 보았습니다.

왕은 뭔가 고무된 듯 재상에게 물었습니다. "그대는 저 아래에 있는 승려가 보이는가? 그는 탁발하러 다니면서, 조용하면서도 사자처럼 당당하게 걸어가고 있구나. 만일 내적인 평화와 평온 같은 것이 있다면, 그건 아마도 저 승려에게 있겠구나."

재상은 그 말을 듣고 왕에게 물었습니다. "전하, 저도 저 승려를 보고 있습니다만, 제가 전하를 위해 뭔가 할 일이라도 있습니까?"

"그래, 저 승려에게 내려가, 그를 내게 데려오거라"라고 왕은 재상에게 분부했습니다.

재상은 급히 내려가서 승려의 앞을 가로막고 섰습니다.

그러자 승려가 물었습니다. "제게 무슨 볼일이라도 있으신지요?"

"전하께서 스님을 보고 싶어 하십니다"라고 재상이 대답했습니다.

"하지만 저는 왕가와는 전혀 무관한 사람입니다. 제 자리는 히말라야의 사원에 있습니다." 승려는 이렇게 사양했습니다. 그런데도 재상은 막무가내로 고집을 부렸고, 결국 승려는 마지못해 그를 따라 왕궁으로 향했습니다.

왕은 승려를 반갑게 맞이하면서 그에게 먹을 것을 내놓았습니다. 대화를 나누며 왕은 그가 탁발을 위해서뿐만이 아니라, 산중의 장마철을 잠시 피할 숙소를 구하러 도시에 왔다는 사실을 알게 되었습니다. 왕은 승려의 조용하고 지혜로운 태도에 매료되어 당장 왕궁의 정원에 거주하면 어떻겠느냐고 그에게 제안했습니다. 승려는 감사를 표하며 그 제안을 받아들였습니다. 왕은 정원에 오두막을 짓도록 했습니다.

왕은 마음속에 뭔가 어려움이 있었기에, 승려가 그를 도와주기를 기대했던 것이죠. 그의 아들의 성격은 승려와 정반대였습니다. 왕자는 누구의 말도 듣지 않았고, 아무도 그를 제어할 수 없었습니다. 그래서 왕실의 구성원과 궁정의 교사 및 하인들은 왕자를 등 뒤에서 '악동 왕자'라고 불렀습니다.

이 때문에 왕은 걱정이 많았습니다. 왕은 '내 아들을 정신 차리게 할 사람은 저 승려밖에 없다'라고 생각했습니다. 왕은 어느 날 아들을 승려에게 데려갔습니다.

"스님, 이 아이가 제 아들입니다. 이 아이는 제멋대로고, 누구의 말도 듣지를 않습니다. 스님이 이 아이가 정신을 차리도록 도와주시겠습니까?"

승려는 미소를 지으며 고개를 끄덕였습니다.

이에 따라 왕은 아들을 승려 곁에 혼자 두었습니다.

"자, 이리 오시지요. 몇 걸음 같이 걸으시지요." 승려가 왕자를 가까이 오라고 손짓하며 말했습니다.

왕자는 평소 같으면 반항했겠지만, 승려의 침착한 태도에 당황하여 그를 따라갔습니다. 그들은 말없이 정원을 지나갔습니다. 승려가 어린 멀구슬나무를 발견했을 때, 그는 가던 길을 멈추고 그 앞에 섰습니다. 크기로 보아 심은 지 얼마 안 되는 어린나무였습니다. 나뭇잎도 겨우 두 개뿐이었습니다.

승려는 왕자의 어깨 위에 부드럽게 손을 얹고는, 나직한 목소리로 말했습니다. "왕자님, 이 나무의 잎새가 어떤 맛인지 한번 먹어 보시지요." 승려는 손짓했습니다.

왕자는 나뭇잎을 따서 그것을 입에 넣었습니다. 이어서 그것을 씹기 시작하자마자, 그는 얼굴을 찡그렸습니다. 그는 코도 찡그리며 나뭇잎을 내뱉었습니다.

"왜 그러시지요. 왕자님?" 승려가 잔잔한 목소리로 물었습니다.

"잎이 역겹고 써요. 분명히 독이 있어요. 나무가 더 커져서 잎사귀를 더 많이 먹으면, 그건 분명히 치명적일 거에요." 이렇게 말하며 왕자는 나무줄기를 잡고 나무를 뿌리째 뽑았습니다.

그러자 승려가 말했습니다. "왕자님은 잎사귀 하나를 맛보고, 독이 있다고 말씀하셨습니다. 그리고 나무가 더 크면 위험하다고 하셨고, 그래서 나무를 뽑아 버리셨지요. 그러면 사람들은 왕자님에 대해 어떻게 생각하겠습니까?"

왕자는 어깨를 으쓱해 보이며 반문했습니다. "대체 무슨 말을 하시는 거죠?"

승려는 신중한 목소리로 차분하게 말했습니다. "왕자님이 나무를 다룬 것처럼, 백성들과 궁정의 사람들도 왕자님을 그렇게 다룰 것입니다. 왜냐하면 그들은 왕자님을 사납고 난폭한 왕자로 여기기 때문입니다. 그들은 왕자님이 바로 나무를 뽑았듯이, 언젠가는 왕자님을 왕좌에서 쫓아낼 것입니다. 독을 조금이라도 좋아할 사람은 아무도 없기 때문입니다."

왕자는 부끄러운 표정으로 땅바닥을 내려다보았습니다. 승려는 말을 계속했습니다. "왕자님이 나무와 같은 운명을 겪고 싶지 않으시다면, 해로운 일을 그만두세요. 겸손, 인

내, 사랑, 연민을 실천하세요."

  승려의 경고가 효과를 보았습니다. 그때부터 왕자는 자신을 깨닫고 겸손을 실천했습니다. 아버지가 돌아가시자 그는 왕위를 물려받았고, 왕으로서 선행을 베풀어 모든 백성의 사랑을 받았습니다.

## 개인적인 일화

영화 촬영 초반에 중요한 소품인 주연배우의 화려한 스니커즈가 없었습니다. 조연출이 까먹고 그것을 챙겨오지 않은 것이었습니다. 감독과 저는 촬영 일정을 변경하고 싶었고, 이에 따라 촬영 과정이 지연될 수도 있었습니다. 그러나 제작자는 촬영이 지연되면 날마다 비용이 더 들어가기에 이를 반대했습니다. 결국 주연배우는 대용 신발을 신어야 했습니다. 그것은 눈에 띄지 않고, 편집 과정에서 해결된다는 것이 이유였습니다. 저는 항의했지만, 소용이 없었습니다. 스니커즈는 영화에서 중요한 역할을 하고 있었고, 또한 편집에서 이를 해결할 수 없어 결국 재촬영에 들어가야 했습니다. 비용은 촬영 일정을 변경하는 데 드는 비용을 훨씬 초과하고 말았습니다.

## 되돌아보기

○ 실제로 어떤 문제 또는 어떤 상황이 내게 부담을 주고 있을까? 어떻게 하면 그것을 바꿀 수 있을까?

○ 무엇인가를 다른 관점에서 보는 것은 내게 수월한 일일까 아니면 어려운 일일까?

○ 나는 어떤 갈등 또는 어떤 상황을 최종적으로 회피했
  을까?

 **한 주의 목표**

이번 주에 나는 문제들을 자신이 의식적으로 해결하려는 용기를 강
화할 것이다.

그리고 나는 과거에 어떤 갈등을 성공적으로 수행했는지 숙고할 것
이다.

그렇게 하면서 무엇이 내게 가장 큰 도움이 되었고, 또 어떻게 이 전
략을 나의 실제 상황에서 적용할 것인지를 메모할 것이다.

# 제20화

# 죽은 호랑이를 깨워서는 안 된다

"악에 굴복하는 자는 스스로 파멸한다."

예전에 유명한 학자가 있었습니다. 그에게는 오백 명의 제자가 있었는데, 그중 한 젊은이의 이름은 산지바였습니다. 스승은 산지바에게서 대단한 잠재력을 보았고, 그래서 그에게 개인 수업을 통해 고난도 주문을 가르쳤습니다.

어느 날 스승은 산지바에게 죽은 사람을 소생시킬 수 있는 주문을 알려 주었습니다. 환생한 자들을 통제하기 위해서는 또 다른 주문도 필요했습니다. 그러나 날이 저물어가고 있었기에, 스승은 다음 날 그 주문을 알려 주기로 했습니다. 이에 앞서 산지바는 다른 제자들과 함께 숲으로 땔감을 구하러 가야 했습니다.

그러다가 숲에서 죽은 호랑이를 발견하고, 산지바는 함께 온 제자들을 향해 외쳤습니다. "다들 와서 좀 보게나. 내가 이 죽은 호랑이를 이제 살려 내겠네."

그의 동문들은 코웃음을 쳤습니다. "무슨 소리, 그건 오직 스승님만 할 수 있어. 자네는 절대로 할 수 없어!"

"그래, 그렇다면 내가 곧 보여 주지" 하고 산지바가 반박했습니다.

그러자 다른 제자들은 불안해졌습니다. 그가 스승의 가장 총애하는 제자라는 것을 알고 있었기 때문입니다.

"그러면 그걸 우리에게 보여 주게!" 그들은 이렇게 재촉하면서도, 위험을 피하려고 모두가 주변에 있는 나무 위로 기어 올라갔습니다.

산지바는 스승에게 배운 주문을 암송했습니다. 그런 다음 조약돌을 주워서 죽은 호랑이의 주둥이를 향해 던졌습니다. 그러자 호랑이는 초점이 없는 눈동자로 그를 바라보더니, 벌떡 일어나 껑충 뛰어 산지바를 덮쳤습니다. 호랑이는 단번에 그의 목을 물어 죽인 후, 자신도 그 자리에 풀썩 주저앉아 죽어 버렸습니다. 나무 위에 있던 제자들은 땔감을 구해 스승에게 돌아가, 무슨 일이 벌어졌는지 자초지종을 설명했습니다.

제가 최초로 베를린에서 열린 전설적인 하우스 파티에 갔을 때, 테크노 음악이 복도에서 큰 소리로 울렸습니다. 분위기는 요란하고 열광적이었습니다. 저의 동료이자 파티의 주최자는 최고로 좋은 위치에 세 들어 살고 있었습니다. 환상적인 전망의 이 저택 월세를 감당하기 위하여 그는 휴가 기간마다 인터넷 포털에 방들을 단기 임대로 내놓았습니다. 그의 임대 수입은 저택의 실제적인 임대 가격을 훨씬 초과했습니다.

하지만 이 거래는 허용되거나 공식적으로 등록된 것이 아니었습니다. 어느 날 그의 집에 초인종이 울렸습니다. 구청 직원과 그의 집주인이 찾아왔던 것입니다. 동료는 더 이상 발뺌을 할 수가 없었습니다. 그간 이웃들은 수많은 파티와 밤새 오가는 손님들에 대해 민원을 제기했습니다. 이 모든 일로 동료는 집에서 쫓겨났고, 불법 임대 벌금까지 물게 되었습니다.

## 되돌아보기

○ 나는 살아오면서 언제 올바르지 않은 일을 했을까?

○ 만일 내 주변에 있는 사람이 옳지 않은 행동을 한다면, 나는 과연 어떤 반응을 보일까?

○ 뿌린 대로 거둔다는 말에 대해 나는 개인적으로 어떤 생각을 가지고 있을까?

 **한 주의 목표**

---

나는 이번 주에는 나 또는 다른 사람들의 잘못된 행동을 알아보려고 노력할 것이다.

판단은 전적으로 다른 사람에게 맡길 것이다.

완벽한 사람은 아무도 없다고 여러 번 읊조리며 마음속에 새길 것이다.

## 제21화

# 절름발이는 혼자 오는 법이 드물다

"문제만 살펴볼 뿐 아니라,

그 주변을 항상 고려하라."

사마라고 불리는 왕은 말과 승마를 좋아했습니다. 그는 개인적으로 왕자 시절에 이미 소유하던 준마를 특별히 좋아했습니다. 그렇지만 세월이 흐르며 그 말은 왕이 타고 다니기에는 너무 늙어 버렸습니다.

그래서 재상과 왕의 고문관이 적합한 새 말을 찾으려고 나섰습니다. 온 나라를 뒤진 지 몇 주 후에 두 사람은 좋은 말을 찾아냈습니다. 프란이라는 이름의 젊은 종마가 왕이 타고 다닐 말로 선택되었습니다. 프란을 왕궁으로 데려오기도 전에, 그 말이 얼마나 튼튼하고 아름다운지 왕에게 보고가 되었습니다. 왕은 좋은 소식에 매우 기뻐하였습니다.

프란은 왕궁에 도착한 그날 밤 일단 마구간에서 묵게 되었습니다. 그곳에서 프란은 왕실 말 조련사인 카비르를 만났습니다.

다음 날 아침 새 말을 왕에게 선을 보일 예정이었습니다. 하지만 좋지 않은 보고가 왕에게 들려왔습니다. 밤새 프란이 병이 났는지 갑자기 다리를 절고 있었습니다. 그러자 왕은 여러 수의사를 보내 말의 상태를 살펴보게 하였습니다. 그런데 그들은 어떤 증세도 알아낼 수 없었습니다.

왕은 그의 고문관에게 이 수수께끼를 풀어 달라고 부탁했습니다. 왕의 고문관은 마구간으로 향했고, 그곳에서 고문관은 말 조련사가 자기 다리에 부목을 대고 있는 것을 보았습니다. 며칠 전에 한 사나운 말에서 떨어져 다리가 부러졌기 때문이었습니다. 그래서 그는 마구간에 말을 데려갈 때면 늘 한쪽 다리를 질질 끌었습니다.

고문관은 돌아가서 왕에게 이렇게 설명했습니다. "전하의 새로운 애마 프란은 아무 문제도 없습니다. 프란은 조련사 카비르를 흉내 내고 있을 뿐입니다. 지금 그는 낙마 사고로 다리를 절고 있습니다."

"그러면 어떻게 해야 하겠소?" 왕이 해결책을 물었습니다.

"육체적 결함이 없는 다른 조련사를 불러오게 하십시오. 그에게 즉시 프란의 고삐를 잡고 데려오도록 하면, 그 말은 다시 정상이 될 것입니다."

왕은 고문관의 말을 따랐습니다. 그런데 정말 며칠 후에는 프란이 경쾌하게 달려오는 것이었습니다.

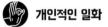 **개인적인 일화**

어느 착한 친구가 오랫동안 나쁜 친구와 친하게 지냈었어
요. 둘 사이의 관계가 그에게 해롭다는 소문은 이미 친구들
사이에 널리 퍼져 있었습니다. 그는 늘 자유롭게 결정을 하
지 못하고, 완전히 상대에게 종속되어 있었습니다. 그런데
도 그는 그런 친구와 헤어지길 원치 않았습니다. 주변 친구
들은 점점 더 그와 멀어졌는데, 그의 성격이 갈수록 부정적
으로 변했기 때문이었습니다. 그는 예전의 그가 아니었습
니다.

그러다가 제가 그를 다시 만났을 때, 그는 딴사람 같았습니
다. 그는 몇 년 전만 해도 볼 수 없었던 긍정적이고 유쾌한
사람이 되어 있었습니다. 제가 물어보니 그는 마침내 예전
의 그 친구와 절연했다는 것이었습니다. 그는 새롭게 얻은
자유를 즐기며 정말 얼굴이 밝았습니다. 하지만 그가 예전
의 자신으로 돌아올 생각밖에 없었다고 털어놓았을 때, 저
는 깜짝 놀라지 않을 수 없었습니다.

 **되돌아보기**

○ 나는 특정한 사람과 함께 있으면, 평소와는 다르게 행
동할까? 그렇다면 그것은 어떤 식으로 표출될까? 그

이유는 무엇일까?

o 누구와 만나야 나는 조금도 꾸밈없이 자연스럽게 나 자신이 될 수 있을까?

o 나는 이미 알게 모르게 나와 친해진 사람과 닮아 있을까?

 **한 주의 목표**

이번 주에 나는 나의 주변을 돌아볼 것이다.

나는 주변인들이 가까운 다른 사람들과 어느 정도 비슷한지 주의를 기울일 것이다.

나는 내 주변에서 내가 그들과 비슷한 행동 유형을 보이는지 물어 볼 것이며, 또한 나는 주변 사람의 어떤 점을 닮아 가는지 알아볼 것 이다.

# 제22화

# 얻지도 못했는데 사라지다

"탐욕에 빠지는 사람은 스스로를
내적인 파멸로 몰고 간다."

어느 왕이 탐욕에 빠져서 부를 얻으려고 애썼습니다. 왕은 탐욕을 쫓는 데 지칠 줄을 몰랐고, 끝없이 탐욕을 추구했습니다. 그러던 어느 날 한 젊은이가 궁전에 찾아와 왕을 알현하기를 청했습니다.

"너는 무슨 일로 나를 찾아왔는가?" 하고 왕이 물었습니다.

"전하, 저는 비옥한 토양과 넉넉한 금, 수많은 동물이 있는 세 도시를 알고 있나이다. 그곳 백성들은 근면하고 온화합니다. 그 도시들은 지키는 군인이 없어서 정복하기가 수월할 것입니다. 작은 병력만 보내도 점령하기에 충분하지요. 저는 전하께서 그 도시들을 전하의 왕국에 통합할 수 있도록 알려 드리는 것입니다." 젊은이가 설명했습니다.

왕은 귀가 솔깃하여 젊은이에게 물었습니다. "너는 언제 나를 이 도시들로 인도할 수 있느냐?"

"당장 내일이라도 가능합니다, 전하." 젊은이가 대답했습니다.

"좋다. 모든 준비를 마쳐 두마. 내일 아침 다시 이리로 오거라."

다음 날 아침 왕의 군대가 떠날 준비를 마치고 서 있었습니다. 무장한 병사들이 갑옷을 입고 안장을 얹은 말 위에 앉아 있었습니다. 요란한 북소리에 맞춰 왕이 말을 타고 병사들 앞에 나타났습니다.

"병사들이여, 우리는 곧 새로운 도시를 점령하러 떠날 것이다. 자, 준비하라! 한 젊은이가 와서 우리에게 길을 안내할 것이다."

하지만 그 젊은이는 약속을 지키지 않고 오지 않았습니다. 군대는 출정 명령을 기다리며 계속 서 있을 뿐이었습니다. 곧 웅성거리는 소리가 대열 사이에서 흘러나왔고, 말들은 몇 시간 동안 그 자리에 서 있었기 때문에 신경질적으로 발을 굴렀습니다.

태양이 중천에 떴을 때, 어느 각료가 왕에게 물었습니다. "전하, 그 젊은이는 어디에 살고 있습니까? 혹시 그에게 무슨 일이 일어났는지 저희가 알아봐도 되겠습니까?"

"어디 사는지는 나도 모르오. 좋소, 말을 타고 나가서 그를 찾아보시오."

왕의 부하들이 도시를 샅샅이 뒤지고 다녔지만, 젊은이를 찾을 수 없었습니다.

수색대는 황혼 무렵에야 돌아왔고, 총사령관은 왕에게 보고했습니다. "전하, 수색대가 사방을 다 뒤졌으나, 그자를 찾을 수가 없었습니다."

그 젊은이와 세 새로운 도시를 향한 모든 희망이 사라지자, 왕은 화가 치밀어 올랐습니다. 그것이 너무 심해지자 왕은 심장이 요동치더니 위염까지 걸렸습니다. 의사들이 왕에게 온갖 약초와 보약을 왕에게 먹였지만, 왕의 고통은 그치질 않았습니다.

이때 어느 승려가 불치병을 치료한다며 왕궁에 찾아왔습니다.

왕은 침대에 누운 채 그 승려를 돌려보내고 싶었습니다. "이미 온 나라의 의사들이 나를 치료하러 왔지만, 아무도 도움이 되지 않았소. 그대도 돌아가는 것이 가장 좋을 듯하오. 그대에게 소정의 수고비는 주도록 하겠소."

하지만 승려는 물러나지 않으면서 "제가 전하를 치료할 수 있습니다. 약속하겠습니다"라고 말했습니다.

그래서 왕은 그렇게 하도록 허락했습니다. "좋소, 그렇다면 나를 치료해 보시오."

승려는 먼저 왕에게 물었습니다. "저는 우선 전하의 병

인을 알아야겠습니다. 뭔가 집히는 일이 있으면 제게 말씀
해 주십시오. 혹시 전하께서 아주 몹쓸 일이라도 겪으셨는
지요?"

"그런 것은 아니고, 내가 뭔가 이야기를 들은 후로 아프
기 시작했소"라고 왕은 기억을 되살려서 말했습니다.

"그게 무슨 이야기였습니까" 승려가 되물었습니다.

왕은 대답했습니다. "어느 젊은이가 나에게 찾아와 내가
세 도시를 점령할 수 있다고 말했소. 그런데 그는 약속을
어기고 내게 오지 않았다오. 그는 다른 왕을 찾아가 아마
같은 제안을 했을 테지. 그 이후로 나는 병에 걸렸소. 그대
가 나를 치료할 약이 있다면, 얼른 그런 치료제를 내게 처
방해 주시오!"

"전하, 전하의 병에는 약이 필요 없습니다. 이성이 전하
를 치료할 수 있는 유일한 약입니다." 승려가 이렇게 설명
했습니다.

왕은 승려의 말을 이해하지 못했습니다.

그래서 승려는 덧붙여 계속 말했습니다. "전하께서 말씀
해 보십시오. 만일 전하가 세 도시를 잇달아 정복했다면,
동시에 네 도시를 통치할 수 있겠습니까? 전하께서는 네
개의 왕실 예복을 동시에 입을 수 있겠습니까? 또한 네 개
의 식탁에서 동시에 식사할 수 있겠습니까? 네 개의 침소
에서 동시에 주무실 수 있겠습니까? 전하, 탐욕에 빠지시면
안 됩니다."

이 말에 왕은 정신이 번쩍 들었고, 승려가 말한 이성의 의미를 알아차렸습니다. 그제야 마음속에 있던 근심이 모두 사라지는 것 같았습니다. 그 결과 왕의 발작 증상은 멈추고, 복통도 가라앉았습니다. 왕은 건강을 되찾았습니다.

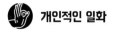 **개인적인 일화**

90년대에는 아직도 선명히 기억하는 몇 가지 유행이 있었습니다. 다마고치, 소니 워크맨, 게임보이는 제 전문 분야라고 부를 수 있었습니다. 저는 비디오 게임의 세계에 점점 더 깊이 빠져들어 갔습니다. 학교 성적은 떨어졌지만, 그 대신 테트리스와 슈퍼 마리오에서 높은 점수를 받았습니다. 저는 이렇게 게임에 미쳐 있었고, 항상 최신 컴퓨터를 소유해야 했습니다. 게임보이 컬러, 게임보이 어드밴스, 패미콤, 슈퍼 패미콤, 닌텐도 64까지 나중에는 모두 저의 손에 들어왔습니다. 하지만 부모님이 심각하게 걱정하기 시작했을 때, 저는 갑자기 모든 흥미를 잃었습니다. 지금 이 모든 전자제품 쓰레기는 몇 년 동안 지하실에 버려져 있었습니다.

 **되돌아보기**

○ 나는 지금 가질 수 없는 어떤 것을 갈망하고 있을까?

○ 나는 어떤 욕구가 충족되기를 바라고 있을까?

○ 만일 내가 이 갈망을 충족시킬 수 있다면, 나는 정말 만

족스러울까?

 **한 주의 목표**

내가 곧 지출을 하고 싶을 때면, 나는 잠시 여유를 갖고 멈추어 나의 욕구를 관찰할 것이다.

우선 나는 내 욕구의 원인은 무엇이며 그것이 실제로 내 가치와 일치하는지를 자문해 볼 것이다.

그 후에야 나는 구매를 결정할 것이다.

# 제23화

# 진리의 얼굴

"사물을 전체적으로 관찰할 때만,
우리는 진리를 인식한다"

어느 왕에게 네 아들이 있었습니다. 왕은 환하게 붉은 꽃을 피우는 성스러운 견숙가 나무에 관하여 아들들에게 이야기했습니다. 아이들은 모두 신기하여 견숙가 나무를 정말 보고 싶어 했습니다. 그러자 왕은 왕실 마부와 상의한 후, 어린 왕자들을 그에게 보내기로 하였습니다.

다음 날 왕자들이 마부에게 달려가 물었습니다. "우리는 견숙가 나무를 보려고 해. 그대가 우리를 데려다 줄 수 있겠지?"

"그럼요, 저는 이미 전하의 분부를 받았습니다. 제가 왕자님들께 그 나무를 보여 드리겠습니다." 하지만 마부는 왕자들에게 한 번에 한 사람만 같이 갈 수 있다고 설명했습니다.

그리하여 마부는 첫째 왕자를 제일 먼저 데리고 갔습니다. 두 사람은 숲으로 마차를 타고 갔습니다. 둘이 첫 번째 공터를 통과하자, 마부가 나무를 가리키며 말했습니다.

"보시지요, 저것이 견숙가 나무랍니다. 자세히 보시면, 가지마다 새싹이 돋아나 있어요."

세 왕자도 마찬가지로 그 나무를 보고 싶었습니다. 하지만 한참이 지나서야 마부가 둘째 왕자를 데리고 갔습니다. 마부는 그를 숲으로 데려가, 같은 장소에서 견숙가 나무를 보여 주었지요. 그러면서 "저 나무를 자세히 보십시오. 초록색 나뭇잎이 덮여 있어요"라고 마부가 말했습니다.

마부가 한참 뒤에 같은 장소로 셋째 왕자를 데려가, 그 나무를 보여 주며 말했습니다. "저 나무를 자세히 보십시오. 나뭇가지에 꽃이 달려 있군요."

이후 며칠이 지나갔습니다. 마지막으로 마부는 막내 왕자도 숲속의 같은 장소로 데려가, 그 나무를 보여 주며 말했습니다. "저 나무를 보십시오. 열매가 달려 있네요."

나중에 네 왕자는 함께 모여 앉아, 숲에서 견숙가 나무를 본 일을 이야기했습니다.

"우리가 모두 함께 가서는 안 되고, 또 시간도 너무 오래 걸린 것도 참 이상했어. 어쨌든 견숙가 나무를 직접 보니 어땠어?" 첫째 왕자가 동생들을 둘러보며 물었습니다.

그중 한 동생이 대답했습니다. "바나나 나무처럼 생겼어."

그러자 옆의 왕자가 "아니야, 줄기가 마치 불타버린 기둥처럼 생겼어"라고 반박했습니다.

"말도 안 돼! 그보다는 사리사 나무를 더 닮았어."

형제들의 말이 서로 일치하지 않아서, 주장은 다툼으로 변했습니다. 결국 그들은 아버지에게 달려갔습니다.

첫째 왕자가 물었습니다. "아바마마 생각에는 견숙가 나무는 어떻게 생긴 것 같으신지요?"

왕은 미소를 지으며 오히려 자식들에게 반문했습니다. "그래, 너희들 생각에는 어떻게 생겼더냐?"

그러자 그들 각자 앞서 서로에게 말한 대로 왕에게 대답했습니다.

모두가 말을 끝내자, 왕이 그들에게 물었습니다. "너희가 모두 견숙가보 나무를 본 것은 사실이다. 하지만 너희는 마부에게 그 나무가 계절마다 어떤 모습이고 어떻게 변하는지 물어보았느냐?"

형제들은 서로 얼굴을 바라보며 고개를 흔들었습니다.

## 개인적인 일화

어린 시절과 청소년기에 저는 열정적으로 축구를 했습니다. 저는 일주일에 한두 차례 훈련하고, 일요일에는 리그전에 나갔습니다. 홈 경기 때 아버지 항상 경기장 옆의 작은 언덕에 서서 열렬히 저를 응원했지요. 제가 슛을 쏘고 네트가 철렁거리면, 저는 자랑스럽게 관중석 옆을 지나가 아버지와 눈을 마주치려고 했습니다. 어머니는 유감스럽게도 경기장에 온 적이 한 번도 없었습니다. 그때마다 저는 늘 어머니가 제게 관심이 없나보다 생각하고는, 어머니에게 짜증을 내곤 했습니다.

한참 뒤에야 저는 어머니가 우리를 위해 희생을 하셨다는 사실을 깨달았습니다. 어머니는 직장에서 더 나은 기회를 얻기 위해 다니던 대학 공부도 뒤로 미루셨습니다. 그렇게 함으로써 형과 제가 음악 수업을 받고, 스포츠 클럽에서 활동할 수 있었던 것입니다.

## 되돌아보기

ㅇ 한 사물을 다른 관점으로 관찰하기는 쉬울까 아니면 어려울까?

○ 관점을 바꾸었다면 나의 인생은 이미 근본적으로 달라
    졌을까?

○ 만일 내가 과거로 되돌아갈 수 있다면, 나는 어떤 일을
    할 것이며, 어떤 식으로 그 일을 해나갈까?

 **한 주의 목표**

이번 주에 나는 어떻게든 자주 나의 관점을 바꾸어 볼 것이다.

나는 세상을 다른 사람, 예컨대 친구나 동료, 이웃 사람의 관점으로

들여다볼 것이다. 나는 나 자신과 내 주변 사람들에게 다음과 같이

물어볼 것이다.

"그게 정말 그래? 어째서 그렇지? 너는 어떻게 그런 생각을 한 거

야? 그런 견해가 누구에게서 나온 것이지?"

# 제24화

## 암컷 당나귀와 말

"섣불리 추측하지 말고,
당신의 진실한 감정을 표현하라."

한 마부가 왕의 애마를 매일 목욕시키기 위해 갠지스강으로 데려갔습니다. 어느 암컷 당나귀가 고상한 왕의 종마를 보자, 그만 사랑에 빠져 상사병에 걸리고 말았습니다. 더해지는 그리움에 당나귀는 풀도 먹지 않고 물도 마시지 않았습니다. 그래서 당나귀는 몸이 수척해지고 피폐해졌습니다. 언니 당나귀는 동생이 걱정되어 물었습니다. "대체 너 왜 이러는 거야?"

고통에 빠진 당나귀는 처음에는 말을 하지 않으려고 하다가, 언니 당나귀가 여러 차례 묻는 바람에 결국 본인의 짝사랑을 털어놓았습니다.

그러자 언니 당나귀가 말했습니다. "너는 더 이상 고통스러워하지 않아도 돼, 내가 도와줄게."

언니 당나귀는 마부가 다시 왕의 애마를 데리고 강으로 올 때까지 기다렸습니다.

언니 당나귀는 잘생긴 종마에게 달려가 말을 걸었습니다. "저기요, 실은 내 동생이 당신을 죽도록 사랑한답니다. 아무것도 먹거나 마시지 않고, 오직 당신만을 생각하고 있어요. 이러다가 동생을 잃을까 걱정입니다. 제발 좀 도와주세요!"

종마는 무슨 말인지 이해하고는 대답했습니다. "그렇군요, 걱정하지 마십시오. 제가 동생을 만나보겠습니다. 목욕후 마부가 나를 풀어 주고 산책시킬 때, 동생을 이리로 보내세요."

이렇게 해서 암컷 당나귀와 왕의 종마 사이의 만남이 이루어졌습니다. 다가오는 종마를 보자, 당나귀의 마음은 흥분으로 가득 차, 심장이 마구 뛰기 시작했습니다. 종마도 이런 암컷 당나귀가 금방 마음에 들었고, 그래서 당나귀의 냄새를 맡기 위해 가까이 다가갔습니다.

이때 암컷 당나귀는 이런 생각이 들었습니다. "내가 금방 그에게 마음을 주면, 자존심이 없어 보이겠지. 너무 쉽게 보여서는 안 돼." 그래서 암컷 당나귀는 갑자기 엉덩이를 종마 쪽으로 돌리고, 뒷다리로 걷어차는 시늉을 하고는 그 자리에서 달아났습니다.

종마는 황당하여 "정신이 나간 당나귀 아냐?"라고 생각했습니다. 종마는 당장에 마부에게 달려가 궁전으로 돌아왔습니다.

사랑에 빠진 당나귀는 사태가 전보다 더 나빠지고 말았습니다.

모든 일을 목격한 언니 당나귀는 동생에게 말했습니다. "너는 사랑에 빠져서 그 말을 애타게 그리워했잖아. 그리고 그 말은 특별히 너를 위해 왔는데, 너는 그게 뭐 하는 태도니?"

동생 당나귀는 고개를 숙이고 설명했습니다. "내가 금방 그에게 마음을 주면, 자존심이 없어 보일 것 같아 그랬어."

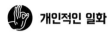 

10대 시절 저는 이웃 반의 소녀에게 반했습니다. 저는 이런 마음을 그녀에게 어떻게 전해야 할지 두렵기도 하고, 그 방법을 알지도 못했습니다. 그녀가 학교 운동장에서 제 앞을 지나갔을 때, 저의 심장은 거세게 뛰기 시작했지만, 아무 말도 할 수 없었습니다. 저는 그녀가 분명히 제게 관심이 없다고 스스로 포기했는데, 이는 사실 거절에 대한 두려움 때문이었습니다. 그녀에 대한 애정을 솔직하게 털어놓는 대신, 저는 오히려 그녀를 피했습니다.

세월이 흐른 뒤 저는 그녀가 두 아들과 함께 길을 가는 것을 우연히 목격했지요. 그 순간 저는 회상에 빠진 채 놓쳐버린 기회를 생각하고는, 만일 그때 그녀와 사귀었다면 어땠을까 상상해 보았습니다. 하지만 그녀의 두 아들이 놀이용 삽으로 서로 머리를 때리며 사납게 장난치는 것을 보았을 때, 갑자기 제가 아이들 아버지가 아니라는 사실이 아주 기뻤습니다.

 되돌아보기

○ 나는 누구와 나의 감정과 욕구에 대해 솔직하게 의논할 수 있을까?

○ 내가 본래 하고 싶은 것과는 정반대로 하는 일이 내게 자주 일어났을까? 그렇다면 언제 그런 경우가 있으며, 그 이유는 무엇일까?

○ 나는 자의식이 약한 편일까, 강한 편일까? 자존감을 높이기 위해 나는 일반적으로 무엇을 해야 할까?

 **한 주의 목표**

---

이번 주에 나는 나의 자의식을 강화할 것이다.

나는 목록을 만들어 하나의 칸에는 나의 장점과 자랑스러운 점을 적고, 다른 칸에는 전에 다른 사람에게서 들었던 칭찬을 나열할 것이다.

자기 전, 이 리스트를 다시 읽어 보면서 나의 내면에 숨어 있는 강점을 찾을 것이다.

# 제25화

# 한 줌의 완두콩

"한 가지에만 지나치게 집중하면,
네 주변의 세상과 차단된다."

어느 날 왕은 정찰병으로부터 국경지대에 한 무리의 적들이 진을 치고 공격 계획을 세웠다는 보고를 받았습니다. 왕은 즉시 부하들과 함께 적들을 무찌르기 위해 출발하려고 했습니다.

왕의 개인 고문관은 비가 오고 있으니 당장 낯선 지대로 들어서는 것은 위험하다는 의견을 제시했습니다. 하지만 왕은 전혀 말을 듣지 않고, 병사들을 데리고 떠났습니다. 고문관 역시 동행했습니다. 병사들은 숲속에서 야영하면서 왕을 위해 천막을 세웠습니다. 그리고 말린 완두콩을 땅에 뿌려 말에게 먹였습니다. 이때도 비가 억수같이 쏟아졌습니다.

얼마 지나지 않아 원숭이가 나무에서 내려와 완두콩 몇

알을 슬쩍 훔쳤습니다. 완두콩 두세 알은 입속에 넣고, 다른 완두콩은 손으로 꼭 잡고 나무로 다시 올라갔습니다. 그런데 기어오르다가 완두콩 한 알이 땅바닥에 떨어졌지요. 그러자 원숭이는 나머지 완두콩도 다 버리고, 잃어버린 완두콩 한 알을 찾기 위해 나무에서 내려왔습니다. 하지만 원숭이는 질퍽한 땅바닥에서 완두콩을 찾을 수가 없었습니다. 원숭이는 실망한 채 다시 나무 위로 기어 올라갔습니다.

왕은 이런 원숭이의 행동을 모두 지켜보고는, 고문관을 옆으로 오게 했습니다.

"그대도 저 원숭이의 행동을 보았소?"라고 왕이 물었습니다.

"네, 전하!" 고문관이 대답했습니다.

"어째서 원숭이가 저렇게 어리석게 행동한 것이오?" 왕이 물었습니다.

"전하, 바보들은 종종 한 가지에만 집중하다가, 다른 모든 것은 잊고 말지요. 원숭이는 바로 그런 바보입니다. 왜냐하면 원숭이는 단 한 알의 완두콩 때문에 얻은 완두콩 모두를 잃었기 때문입니다." 고문관은 왕이 이에 대해 숙고하는 것을 눈치채고, 얼른 덧붙여 말했습니다. "전하, 우리도 그리 많지 않은 적에게만 집중하고 전체적인 양상을 무시한다면, 원숭이와 다르지 않을 것입니다."

이때 왕은 정신을 차리고 본래의 생각을 바꾸었습니다.

그는 병사들을 데리고 왕궁으로 돌아왔습니다.

　적들은 나중에 왕의 퇴각 소식을 전해 듣고는, 무슨 이유인지 모르지만 그들의 공격 계획을 취소했습니다.

**개인적인 일화**

한 친구는 대학생 때 이미 걸출한 인재였습니다. 사법고시 일차와 이차 모두 수석으로 합격했습니다. 일중독이었던 그는 국제 로펌에서 빠르게 경력을 쌓아갔습니다. 그는 가족이 항상 우선이라고 믿었으면서도, 집에는 자주 올 수 없었습니다. 많은 야근과 해외 출장 등, 이 모든 것은 가족에게 호화로운 집과 많은 물질적 안락함을 주기 위한 일이었지요. 그렇지만 아름다운 집이나 물질적 풍요가 가족과의 관계를 보상할 수는 없었습니다. 그는 자신이 사랑하던 것에서 갈수록 멀어졌습니다. 결혼 생활은 파탄에 이르렀고, 결국 이혼을 하고 말았습니다.

**되돌아보기**

○ 나는 주제, 행동, 소망, 목적과 같은 문제에 매번 좁은 시야를 드러낼까?

○ 나는 너무 한 가지에만 집중해 이미 중요한 어떤 일을 놓친 적이 있을까?

○ 나는 나의 목표를 이루려고 종종 뭔가 다른 것을 놓치

거나 소홀히 하고 있지는 않을까?

 **한 주의 목표**

나는 이번 주에는 어떤 일을 하면서 시간을 보낼 것인지를 매일 기록할 것이다.

주말에는 내가 주로 무슨 일을 했고, 무슨 일에 가장 적게 시간을 보냈는지를 알아볼 것이다.

이어서 나는 시간이 실제 삶에서 우선순위와 관련이 있는지, 아니면 전혀 관계가 없는지를 검증할 것이다.

# 제26화

## 남의 등에 용변을 보는 자

"모든 장난에는 책임이 따르기 마련이다."

옛날 옛적 차분한 심성을 가진 크고 힘이 센 물소가 있었습니다. 물소는 부드러운 풀과 식물을 찾아 매일 사방으로 돌아다녔습니다. 때로는 산기슭에서, 때로는 산속 동굴 앞에서 먹이를 찾곤 했지요. 물소는 어느 날 울창한 숲 지대에서 아주 맛있는 풀을 발견했고, 그래서 자주 그곳으로 갔습니다. 물소는 그곳에서 풀을 먹은 후, 소화를 위해 나무 뿌리에 기대어 누웠습니다.

어느 날 무례한 원숭이 한 마리가 나무에서 내려와, 물소의 등에 앉았습니다. 그러더니 재빨리 용변을 보는 것이었습니다. 이뿐만이 아니라 손으로 물소 뿔을 잡고 이리저리 흔들었습니다. 그런 다음 다시 물소 등으로 올라가 물소의 꼬리를 잡고 장난질을 쳤습니다. 물소는 천성적으로 참을성이 많아, 원숭이의 못된 행위를 묵묵히 받아들였습니다.

　그 후로도 물소는 부드러운 풀을 먹으려고 계속 같은 장
소에 갔습니다. 그럴 때마다 매번 같은 원숭이가 나타나 물
소의 등에서 뻔뻔하게 춤을 추고, 용변을 보는 것이었습
니다.

　다른 나무에서 이 모든 일을 보고 있던 나이 지긋한 원숭
이가 물소를 향해 외쳤습니다. "이봐, 왜 이런 못된 짓을 그
저 참고만 있는 거지? 이 녀석을 쉽게 내던지고 짓밟을 수
도 있을 텐데. 그냥 놔두면 갈수록 더 심한 짓을 할 거야."

　"내가 이런 행동을 참지 못한다면, 어떻게 이상적인 삶에
다다를 수 있겠습니까?" 물소가 태연하게 말했습니다.

　"대체 이상적인 삶이 뭐지?" 나이 지긋한 원숭이가 물었
습니다.

　"가능하면 행실을 바르게 하고 살다가, 더 나은 삶으로
환생하는 것입니다." 물소는 이렇게 대답하고 계속 말했습
니다. "이 버릇없는 원숭이가 내게서 안전하게 지냈다고 생
각하여 다른 물소들에게도 몹쓸 장난을 친다면, 다른 물소
들은 그를 분명히 죽일 겁니다. 그러나 그의 죽음에 책임을
지는 것은 내가 아니라, 다른 물소들이 지겠지요. 나는 물
론 죄책감에서 벗어날 테고요." 이렇게 말하고 물소는 다시
초원으로 가서 계속 풀을 뜯어 먹었습니다.

　나이 지긋한 원숭이는 머리를 긁적였습니다.

얼마 후에 실제로 다른 물소가 같은 장소에서 풀을 뜯고 있었고, 그 버릇없는 원숭이가 이 물소에게도 몹쓸 장난을 쳤습니다. 하지만 이 사나운 물소는 즉시 원숭이를 흔들어 바닥에 내던지고는, 그를 밟아 죽였습니다.

여자 친구와 심하게 다투고 난 후에, 저는 마음을 진정시키려고 시골로 차를 몰고 나갔습니다. 길은 좁고 구불거려서, 내리막길을 달리며 마음을 진정시키기에 완벽했습니다. 그런데 갑자기 자동차 한 대가 제 차에 바짝 다가왔습니다. 그러면서 그 차의 운전자는 빨리 달리라고 계속 경적을 울렸습니다. 저는 가속 페달을 밟았지만, 그는 계속 경적을 울리는 것이었습니다.

한편으로 저는 브레이크를 밟고 도로 한가운데서 멈춰 서서, 그와 한바탕 싸움이라도 벌이고 싶었습니다. 그러나 저는 냉정하게 마음을 가다듬었습니다. 마침내 그는 위험한 커브 길에서 저를 따라잡았고, 열린 창문을 통해 제게 호통을 쳤습니다.

그런지 얼마 되지 않아 우리는 같은 신호등에 서 있었습니다. 그러나 상황은 약간 달랐습니다. 경찰이 그의 차 옆에 서서 그의 면허증을 검사하고 있었습니다. 이때 신호등이 초록색으로 바뀌었고, 제가 지나갈 때 그와 눈이 마주쳤습니다. 저는 그를 향해 미소만 지어 보일 뿐이었습니다.

**되돌아보기**

---

○ 나는 전에 누군가와 다툰 적이 있을까? 그렇다면 상대방은 어떤 반응을 보였을까?

○ 어느 누가 내게 언쟁을 걸어온다면, 나는 어떻게 반응할까?

○ 다른 사람과의 언쟁이 내게 무슨 일을 초래할까? 처음부터 언쟁을 벌이지 않는 편이 더 좋을까?

 **한 주의 목표**

---

이번 주에 나는 하루에 2분 동안 한 번 하던 일을 멈추고, 화를 가라앉히는 호흡법을 시행할 것이다.

이 호흡법은 앞으로 화가 나거나 분노할 때 도움을 준다. 눈을 지그시 감고 호흡에 집중한다. 숨을 들이쉬고, 숨을 내쉬고 할 때마다 자신을 의식한다. 그러면 공기가 콧구멍 사이로 흘러 들어갔다가 다시 나가는 것을 느끼게 될 것이다. 집중이 산만하게 흩어진다면, 계속해서 호흡을 반복한다.

# 제27화

# 사자와 딱따구리

"선행을 하는 자는 감사함을 바라지도 않는다."

사자가 노루 한 마리를 잡아 게걸스럽게 먹고 있었습니다. 하지만 노루 고기를 너무 성급하게 삼키다가, 뼈가 목에 걸리고 말았습니다. 사자는 목이 답답해서 그르렁거렸지만, 뼈를 뱉어내거나 목구멍 아래로 내려보낼 수 없었습니다. 사자는 땅바닥에서 격렬하게 굴렀습니다. 목 안의 고통은 더 이상 참을 수 없었고, 호흡까지도 힘들게 되었지요.

이때 딱따구리 한 마리가 근처 나무 위에 내려앉아 고통스러워하는 사자를 바라보고 있었습니다. "무슨 일인가, 사자 친구?" 딱따구리가 사자를 소리쳐 불렀습니다.

사자는 딱따구리에게 어디가 어떻게 아픈지 설명했습니다.

"나는 자네 목에 걸린 뼈를 빼 줄 수 있어. 그러나 내가 자네의 커다란 입 속에 앉았을 때, 자네가 나를 잡아먹을까 두려워." 딱따구리가 이렇게 말했습니다.

"아니, 무슨 소리. 겁먹지 말게. 나는 자네를 절대로 잡아먹지 않을 거야. 제발 도와주게!" 사자가 애원했습니다.

딱따구리는 잠시 나뭇가지 위에서 말없이 앉아 있었습니다. 그러더니 용기를 내어 사자를 돕기로 했습니다.

"그래 좋아. 옆으로 누워서 입을 최대한 크게 벌리게." 딱따구리가 사자에게 말했습니다.

사자가 혹시라도 갑자기 덥석 무는 것을 막기 위하여 딱따구리는 사자의 위턱과 아래턱 사이에 나뭇가지를 민첩하게 끼어 두었습니다. 이어서 사자의 혓바닥 위에서 목구멍 속으로 폴짝 뛰어 들어가, 목구멍 안에 걸린 뼈를 살펴보았습니다. 딱따구리가 부리로 여러 차례 그곳을 쪼아대자, 뼈가 마침내 빠져나왔습니다. 딱따구리는 얼른 사자의 주둥이에서 나오면서 그곳에 끼워둔 나뭇가지도 빼냈습니다. 사자는 목을 컥컥거리며 움직이자 뼈를 뱉어 낼 수 있었습니다. 그 사이에 딱따구리는 다시 나무 위로 올라가 앉았습니다.

다음 날 사자는 다시 사냥을 나갔습니다. 사자는 물소 한 마리를 잡아 같은 장소에서 먹고 있었습니다.

딱따구리는 사자를 시험하고 싶었습니다. "이보게 친구, 어제는 내가 자네를 도왔으니, 오늘은 내가 자네에게 부탁

좀 하세."

사자는 나무를 향해 고개를 들고 말했습니다. "내가 자네를 잡아먹지 않았으니, 자네가 나에게 감사해야지."

"내가 도와준 일을 모른 척하니 참으로 유감일세. 하지만 그렇다고 화를 내지 않겠네. 자네에게 선행이란 어울리지 않아. 그러니 나는 앞으로 자네를 멀리할 참이네." 딱따구리는 이렇게 말하고는 다른 곳으로 날아갔습니다.

## 개인적인 일화

청소주간*은 독일 남부에 퍼져 있는 제도입니다. 어렸을 때 저는 항상 부모님에게서 빗자루를 건네받고 집 앞 보도를 쓸었습니다. 저는 청소의 경계선이 정해져 있다는 사실을 매우 흥미롭게 생각했습니다. 겨울철 눈이 올 때 그것을 관찰하는 일은 특히 재미있지요. 여기에서 경계선이 특히 두드러지기 때문입니다.

청소년 시절 저는 아침에 쌓인 눈을 삽질하는 것을 좋아했습니다. 일찍 일어나 육체 활동을 하는 것은 대단한 활력을 줍니다. 저는 열심히 우리 집 앞의 보도뿐만 아니라, 우리 옆집에 쌓인 눈도 치우곤 했습니다. 그래도 감사의 말 한마디 듣지 못했습니다. 그러나 한 번은 제가 커다란 재활용품을 수거하기 전에 그것을 조금 일찍 길에 내놓았을 때, 옆집 사람은 우리 집에 찾아와 불만을 토로하는 것이었습니다. 저는 그 이후로 옆집의 눈을 다시는 치우지 않았습니다.

---

\* 청소주간(Kehrwoche)은 옛날 독일에서 일정 기간에 자기 집 근처를 청소하고 쓰레기를 처리하는 법령이었는데, 아직도 독일의 일부 지역에서는 이 전통이 시행되고 있다.

**되돌아보기**

○ 내가 누군가를 도와주었는데, 그 사람은 내게 감사의 말을 하지 않은 적이 있었을까? 그것이 나를 화나게 하거나 서글퍼지게 했을까? 아니면 나는 그런 태도를 태연하게 받아들일 수 있었을까?

○ 나는 이런 사람에게 앞으로도 다시 도움을 줄 수 있을까?

○ 내가 도와주고 후원해 준 사람에게서 감사의 말을 듣는 것이 내게 얼마나 중요한 일일까?

 **한 주의 목표**

최근에 누가 내게 큰 도움을 주었는지 잘 생각해보고, 그에게 손으로 직접 쓴 감사의 편지를 보낼 것이다. 그러면서, 나는 그 사람에게 내가 다음에 무엇을 그에게 도와줄 수 있는지 또는 가까운 장래에 그가 어떤 경우에 내 도움이 필요한지를 물어볼 것이다.

제28화

# 죽은 소는 풀을 먹지 않는다

"때로는 내면의 평화를 이루기 위해
외부의 도움이 필요하다."

옛날에 어느 농장주는 성인이 된 그의 아들 데브를 불러서 진지하게 말했습니다. "아들아, 오늘은 슬픈 날이란다. 할아버지가 오늘 아침에 돌아가셨다."

아들은 아버지의 눈가에 고인 눈물을 보고 아버지를 위로하려고 했습니다. "아버지, 너무 슬퍼하지 마세요. 할아버지는 이미 많이 연로하셨잖아요."

하지만 다음 주에도 농장주는 아버지의 죽음으로 깊은 상심에 빠져 있었습니다. 그는 더 이상 제정신이 아니었습니다.

장례식이 끝난 후 농장주는 아버지의 시신을 다시 파서, 부패한 시신을 그가 전에 세워둔 탑에 안치했습니다. 그때부터 그는 그곳을 날마다 찾아가, 아버지가 마치 살아 있기라도 하다는 듯 시신을 향해 말을 하곤 했습니다. 그러더니 도를 넘어서 잘 먹지도 않고, 몸을 씻거나 일하는 것조차 잊게 되었습니다.

그러는 사이에 아들은 아버지를 걱정하며 생각에 잠겼습니다. '할아버지가 돌아가신 후 아버지는 다른 사람이 되어버렸어. 아버지는 할아버지가 돌아가셨다는 사실을 인정하고 싶지 않은 거야. 그러나 아무리 좋은 말로 설득해도 소용이 없어. 어떻게 하면 아버지를 다시 정신 차리게 할 수 있을까?'

그는 모종의 계획을 세웠습니다. 그는 정육점에서 죽은 소를 사다가 사람들이 들끓는 시장 광장에 갖다 놓았습니다. 그런 다음 그는 풀과 물을 가져와, 그것을 죽은 소 앞에 놓아두었습니다. 이어서 그는 죽은 소를 향해 마구 손짓까지 해가며 미친 듯이 소리쳤습니다. "자, 소야! 마음껏 먹고 마시거라!"

모여 있던 사람들은 머리를 긁적거리며 그에게 말했습니다. "데브, 자네 눈이 멀었나, 아니면 정신이 나간 거야? 어째서 죽은 소에게 먹이를 준단 말인가?"

데브는 사람들의 조롱을 견디며 계획된 행동을 마친 후 집으로 돌아왔습니다.

얼마 지나지 않아 아버지의 사업 관계자들이 아버지를 찾아와 물었습니다. "이봐, 자네 아들 데브에게 무슨 일이라도 생겼나? 우리는 오늘 데브가 죽은 소와 말을 하면서 먹이를 주는 걸 목격했다네."

아버지는 그 소리를 듣고 경악했습니다. 그는 당장 돌아가신 아버지에 대한 애도를 잊고, 아들 데브를 걱정하기 시작했습니다.

그는 흥분하여 아들에게 달려가 따져 물었습니다. "아들아, 대체 무슨 일이냐? 네가 드디어 미친 거니? 어째서 죽은 소에게 먹이를 준단 말이냐? 너 정신이 나갔구나?"

데브는 조용히 대답했습니다. "그런지도 모르지요. 하지만 소의 경우에는 아직도 머리와 발, 꼬리가 다 제대로 있습니다. 할아버지는 그렇지 않잖아요? 그런데도 아버지는 그분과 날마다 이야기를 나누고 계시네요."

이때 아버지는 아들이 자신에게 어떤 교훈을 주려는지 깨달았습니다. 그러자 그의 정신을 가리고 있던 안개가 갑자기 걷히는 느낌이었습니다.

"아들아, 이제는 네가 왜 그랬는지 잘 알겠구나. 세상에 영원한 것은 없지. 나도 네 할아버지가 우리 곁을 떠났음을 인정하고, 아픔을 이겨 내련다. 내일 아침 네 할아버지의 시신을 다시 묘지로 옮기도록 하마."

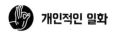 **개인적인 일화**

1945년 겨울, 제 할머니의 난민 행렬이 소련군에게 잡히고 말았습니다. 할머니는 생후 18개월도 채 되지 않은 얼어붙은 쌍둥이를 공동묘지에 묻어야 했습니다. 빈곤하고 토지가 부족했기에, 그리고 더 나은 삶을 희망하며 많은 다뉴브 슈바벤 사람들*은 18세기에 러시아 제국으로 넘어왔었습니다. 저의 할머니는 오늘날의 우크라이나와 몰도바 지역의 어느 마을에서 성장했습니다. 하지만 할머니는 집과 농장을 포기하고, 모든 것을 그곳에 남겨 두고 떠나야 했습니다. 고향과 재산을 상실하고 힘든 피난길에 올랐어도, 할머니는 언제나 불평이라고는 하지 않는 강한 여성으로 제 기억 속에 남아 계십니다. 할머니는 90세가 넘어서 돌아가셨습니다.

 **되돌아보기**

○ 나는 살아오면서 어떤 사람들을 잃었을까?

---

\* 다뉴브강의 발원지인 독일 남부 지역에 살던 사람들. 다뉴브강은 도나우강이라고도 한다.

o 상실감과 슬픔, 고통에 더 잘 대처하려면 무엇이 도움
  이 될까?

o 나는 살아오면서 어떤 것들을 믿음으로 확고히 하고
  있을까? 그것들은 영원히 지속될 수 있는 가치일까?

 **한 주의 목표**

나는 이번 주에 사랑하는 사람에 대한 기억을 되짚어 볼 것이다.
어쩌면 그 사람과 가까웠던 누군가에게 연락하여, 똑같은 기억을 나
눌 수 있는지도 모른다.
사랑하는 사람이 이미 고인이 되었다면, 나는 촛불을 켜고 나무 한
그루를 심거나 고인의 그림과 글, 금언 등이 들어 있는 추모집을 만
들 것이다.

제29화

# 술에 소금을 넣은 멍청이

"어리석은 사람은 아무리 의도가 좋아도
득보다는 해를 끼치는 경우가 더 많다."

어느 주류업자는 새로운 술을 제조하여, 그것을 높은 가격에 팔아 많은 돈을 벌고 있었습니다. 도시에서 큰 모임이 열렸을 때, 그는 그곳의 술 판매를 자기 제자에게 맡겼습니다. 주류업자 자신은 하루를 쉬고, 다음 날 가기로 했습니다.

그 사이에 제자는 술을 실은 마차를 타고 도시를 지나며 사람들에게 그 술을 팔았습니다. 그러면서 그는 사람들이 술을 마실 때면 언제나 소금을 친 과자를 먹는 것을 보았습니다. 이때 그는 이런 생각이 떠올랐습니다. '이 술이 싱거운가?' 그래서 그는 술병마다 일정한 양의 소금을 넣었습니다.

그러나 사람들이 술을 마셨을 때, 그들은 미간을 찌푸린 채 술을 뱉어 내며 물었습니다. "이보게 젊은이, 이 술맛이 왜 이런가?"

제자는 눈을 크게 뜨고 떨리는 목소리로 대답했습니다. "나는 모두가 술을 마실 때 소금을 친 과자를 먹는 걸 보았어요. 그래서 술에도 소금을 섞어 보았어요."

사람들은 그에게 외쳤습니다. "이 멍청이야! 네가 이 좋은 술맛을 망쳐 버린 거야."

다음 날 주류업자가 와서 그의 제자에게 어제 하루를 어떻게 보냈는지 물었습니다. 자초지종을 듣고 난 주류업자는 "술맛을 그렇게 망쳐 놓다니, 이 얼간아!"라고 크게 야단을 쳤습니다.

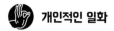 **개인적인 일화**

저는 비 오는 날 오후에 자동차 피아트 우노를 처음으로 운전했습니다. 그것은 큰형으로부터 받은 성년 기념 선물이었지요. 라디오에서는 제니스 조플린의 음악이 흘러나오고 있었습니다. "자유란 그저 잃을 것이 아무것도 없다는 말이다Freedom is just anotehr word for nothing left to lose"라는 구절이 특히 저의 귀를 솔깃하게 했습니다. 이 순간 저는 그만 자동차를 이웃집 담으로 몰았습니다. 차량은 크게 파손되었고, 저는 뺑소니로 기소되고 말았습니다. 저는 단지 차를 옆으로 빼놓고, 일단 축구 연습장에 가서 충격을 풀어 보려고 했을 뿐이었습니다. 하지만 이 결정은 재판과 사회봉사로까지 이어지는 원인이 되었습니다. 그 결정이 좋았는지 나빴는지 돌이켜 보는 것은 내게 중요하지 않습니다. 아무튼 그것은 잊지 못할 하나의 경험이었습니다.

 **되돌아보기**

○ 나는 살아오면서 정말로 큰 실수를 저지른 적이 있었을까? 그렇다면 무엇 때문에 그랬을까?

○ 나의 행동이 어떤 결과를 초래했을까? 나는 그로부터

중요한 어떤 일을 배웠을까?

o 실패에 대한 나의 태도는 어떠했을까? 나는 가능한 한
  실수를 회피했을까, 아니면 실수를 뭔가 배울 기회로
  생각했을까?

 **한 주의 목표**

---

나는 인생에서 나쁜 결정이란 없다는 사실을 받아들일 것이다.
매번의 결정은 나의 삶을 풍부하게 하는 경험으로 이어진다. 내가 어
떤 결정을 내리면, 그 결정의 배후에 있는 동기가 무엇인지 알아 둘
필요가 있다.
나는 중요한 결정을 내리기 위해 모든 장단점을 비교하는 목록을 만
들 것이다.

# 제30화

## 세상을 평평하게 만들 수 있는가?

"자신의 세계관을 다른 사람에게
강요할 수는 없다."

어느 도시에 유명한 학자가 살고 있었습니다. 그는 학생들과 공동생활을 하고 있었습니다. 그는 언제 어디서나 자신의 가르침을 전파하곤 했습니다. 그는 사람들을 교화하려는 희망을 품고, 그들에게 끊임없이 자신의 학설과 계율을 가르쳤습니다. 사람들이 원하지 않아도, 그는 그들에게 "이 계율을 받아들이시오!" 하고 집요하게 설득했습니다.

그의 말을 들은 사람들은 대개 "네, 네"라고 대답하면서도, 계율에는 관심이 없었습니다.

제자들은 이런 상황을 알고 스승에게 말했습니다. "선생님, 사람들의 의지에 반해 선생님의 가르침을 전파하는 것은 별로 소용이 없는 듯합니다. 부디 선생님의 열정을 낭비하지 마시고, 오히려 그것을 원하는 사람들에게만 가르침을 주십시오."

스승은 제자들의 이 말을 알아듣기는 했지만, 자신의 가르침을 계속 강요해 나갔습니다.

어느 날 그의 제자들이 긴 여행에서 돌아오는 길이었습니다. 선생의 첫째 제자 란비르가 산속 동굴을 지날 때 문득 이런 생각이 들었습니다. '우리 선생님은 사람들이 전혀 바라지 않는데도 언제나 뭔가를 전파하려고 하신단 말이야. 이번에는 내가 선생님에게 교훈 하나를 드려야겠어.' 그는 다른 제자들에게 동굴에서 하룻밤을 보내고 새벽에 여행을 계속할 것을 제안했습니다.

모두가 잠들었을 때, 란비르는 작은 돌을 집어서 동굴 바닥에 던지기 시작했습니다. 그는 계속 돌을 던졌습니다. 그 소리에 다른 제자들이 모두 잠에서 깨어났습니다.

"선배님, 지금 무엇을 하는 겁니까?"라고 그들은 졸린 눈을 비비며 물었습니다.

그러나 란비르는 묵묵히 계속 돌을 던지기만 했습니다. 그가 정신이 나간 것이 아닌가 걱정이 되어, 학생 중 하나가 먼저 달려가 스승에게 도움을 청했습니다.

얼마 후 스승이 동굴 안으로 들어왔습니다.

그는 당혹스러운 얼굴로 란비르에게 물었습니다. "란비르, 너는 왜 이 동굴 안에서 자꾸 돌을 바닥에 던지는 것이냐?"

란비르가 태연하게 대답했습니다. "저는 이 동굴 바닥을 평평하게 만들려고 합니다. 그래서 동굴 바닥에 돌을 던지고 있습니다."

스승은 웃으며 그에게 말했습니다. "네가 죽을 때까지 저 위에 돌을 던져도, 이 동굴 바닥은 평평해지지 않을 것이다. 제발 정신 좀 차리거라!"

이제 스승에게 교훈을 전해 줄 차례가 왔다고 생각한 란비르는 조용히 말했습니다. "만일 제가 이 동굴 바닥을 평평하게 하지 못한다면, 선생님도 모든 사람을 교화할 수는 없습니다. 제 말이 틀렸나요?"

그제야 스승은 그의 제자가 왜 이런 일을 했는지 깨달았습니다.

**개인적인 일화**

어느 새해 첫날, 저는 더 건강한 삶을 살겠다는 결심을 이루기 위해 30일 요가 코스를 시작했습니다. 며칠 지나지 않아 저는 몸과 마음이 일치되는 것을 느꼈고, 그래서 친구들과 가족에게 요가의 신통한 점을 열심히 설명했습니다. 저는 마치 일종의 요가 전문가가 되기라도 한 것처럼 제 주변의 모든 사람에게 요가를 시작하도록 강요했습니다. 요가를 하면 삶이 향상된다고 항상 단언했습니다. 저에게 조그만 문제만 생겨도 유일한 해결책은 요가였으니까요. 하지만 30일 코스 중 20일이 지난 후, 일이 너무 바빠서 저 자신마저도 요가 수업에 참석할 수 없었습니다.

 **되돌아보기**

○ 나는 일반적으로 나의 견해나 나의 관점을 어떤 식으로 표현할까? 나의 전달 방식은 얼마나 뚜렷할까? 나는 나의 관점을 적극적으로 전달하는 편일까?

○ 나는 오직 나의 개인적 관점만을 전달하려고 애쓸까? 아니면 나에게는 어느 종교의 전도자와 같은 성격이 있는 것일까?

○ 나는 나의 견해를 어떤 상황에서 언급하는 것을 적절하다고 여길까? 나의 관점을 유보하는 것이 어떤 경우에 의미 있을까?

 **한 주의 목표**

이번 주에 나는 나의 견해를 피력하기 위하여 어떤 소통 방식을 가장 자주 이용하는지를 알아볼 것이다.

그 밖에도 나는 다른 사람에게 나의 관점을 전달하는 것이 정말 필요하고 의미 있는지, 아니면 나의 관점을 유보하는 것이 더 나은지를 사례별로 점검해 볼 것이다.

# 제31화

# 파렴치한 의사

"다른 사람에게 해를 끼치고 싶다면,
이 시도가 자신에게 돌아가지 않도록 주의해야 한다."

마을 어귀에 있는 나무 밑에서 한 소년이 혼자서 놀고 있었습니다. 이때 일자리를 찾지 못한 의사가 막 마을에서 나오고 있었습니다. 그 의사는 나무 옆을 지나가면서 소년의 위쪽 나뭇가지에 누워 잠자던 검은 뱀 한 마리를 보았습니다. 의사는 문득 생각했습니다. '이 마을에는 일자리가 없단 말이야. 만일 뱀이 저 소년을 문다면, 적어도 당분간은 일자리를 얻고, 소년을 치료한 대가를 받을 수 있을 테지.'

그래서 그는 소년에게 다가가 이렇게 말했습니다. "애야, 노는 게 재미있나 보다. 네가 지저귀는 새를 좀 쓰다듬어 주지 않겠니?"

소년은 흥미를 느꼈는지 눈을 커다랗게 뜨고는 미소를 지으며 대답했지요. "네, 그렇게 하겠어요!"

의사는 나무 위를 가리켰습니다. "그렇다면 너는 운이 좋구나. 방금 내가 나무 위에서 아름다운 새 한 마리를 보았거든. 나무 위로 올라가서 살펴보렴."

소년은 두말없이 나무 위로 기어올랐습니다. 이때 소년은 나뭇가지 위에서 잠을 자는 뱀을 발견하고는, 놀라서 약간 뒤로 물러났습니다. 뱀이 깨어나 물지도 모른다는 두려움이 소년을 엄습했습니다. 그러나 소년은 살며시 뱀에게 다가가, 발로 뱀을 밀어서 나뭇가지 아래로 떨어트렸습니다.

뱀은 그 충격으로 깨어나, 의사의 머리 쪽으로 떨어져 내렸습니다. 그러자 뱀은 즉시 의사의 목을 칭칭 감고는 목을 물어 버렸습니다. 의사는 그 자리에서 쓰러져 죽었고, 뱀은 수풀 속으로 사라졌습니다.

 **개인적인 일화**

청소년 시절에 형과 저는 우리가 가장 좋아하는 미국 펑크 밴드의 공연에 간 적이 있었습니다. 우리는 군중 속으로 달려가 수많은 인파를 헤치고 앞으로 나아갔습니다. 공연장의 모습은 정말 장관이었습니다!

그런데 공연장 입장권과 관련하여 저는 형에게 숨긴 비밀이 있었습니다. 그것은 입장권 두 장에 대한 돈을 아버지가 미리 제게 주셨다는 사실이었습니다. 그런데 저는 밴드 공연이 끝난 후 밴드 굿즈 모자를 사기 위해 형에게 입장료를 또 달라고 했습니다. 하지만 집으로 돌아오면서 철로 옆을 지나가고 있었을 때였습니다. 급행열차 한 대가 우리 옆을 지나가면서 방금 산 모자가 벗겨졌고, 모자는 다시는 찾지 못하게 멀리 날아가 버렸습니다. 공연장 입장권 구매에 대한 거짓말은 그 이후 며칠 동안 들키지 않았습니다.

 **되돌아보기**

○ 나는 어떤 가치에 따라 행동할까? 그럴 때 내게 가장 우선적인 척도는 무엇일까?

○ 어느 정도까지 나는 내 자신의 이익을 추구할까? 하지

만 결코 넘어서서는 안 되는 경계는 어디까지일까?

○ 내가 어떤 일을 이기심만으로 할 때, 나는 어떤 기분이
들까?

 **한 주의 목표**

---

나는 감정이입 능력, 정직, 친절, 근면 등과 같은 나에게 중요한 일곱
가지 가치를 작은 쪽지에 하나씩 적을 것이다.
그런 다음 일곱 장의 쪽지들을 접어서 유리컵 속에 넣어 둘 것이다.
그리고 일주일 동안 매일 아침 일어난 후 그중 하나를 컵에서 뽑아
서, 그 가치를 어떻게 적극적으로 실천할 것인지 신중하게 생각하고
실천에 옮길 것이다.

## 제32화

# 연꽃 향기를 훔치는 도둑

"모든 사람은 자기 행동에 대하여 나름의 기준을
정하고, 그 기준에 따라 다른 사람을 판단한다."


어느 승려가 호수 근처에서 은거하며 살아가고 있었습니다. 어느 날 그는 호수에 가서 몸을 씻는데, 이때 호수의 한가운데 수면 위에서 아름다운 연꽃을 발견했습니다. 그는 연꽃 향기를 맡으려고 호수 가운데로 헤엄쳐 갔습니다.

그런데 갑자기 물의 여신이 나타나 승려를 꾸짖는 것이었습니다. "스님, 어째서 당신은 이 연꽃 냄새를 맡고 싶어 하십니까? 이 연꽃은 당신 소유가 아니기에 그 냄새를 맡는 것은 도둑질과 같습니다. 당신은 연꽃 향기를 훔치려는 도둑이란 말입니다!"

"그러나 나는 연꽃을 만지려는 것이 아니라, 단지 냄새만 맡으려는 것입니다. 그게 어떻게 도둑질이겠습니까." 승려가 이렇게 주장했습니다.

이 순간 어부가 배를 타고 노를 저으며 그들에게 다가왔습니다. 승려와 물의 여신은 어부가 수면에서 연꽃을 건져서 배에 싣더니, 그냥 가버리는 것을 보고만 있었습니다.

승려는 화가 나서 물의 여신에게 따졌습니다. "내가 연꽃 냄새만 맡으려고 했을 뿐인데, 당신은 나를 도둑이라고 불렀습니다. 그런데 어부에게는 왜 말 한마디 못 한 겁니까? 어부야말로 도둑이 아니겠습니까?"

그러자 물의 여신이 그 이유를 설명했습니다. "저 어부는 비천하고 무례한 사내입니다. 그는 당신하고 비교할 가치가 없습니다. 당신은 이제까지 죄를 짓지 않았으며, 순결함을 추구하고 있습니다. 어떤 허물도 당신에게는 무겁습니다. 그것은 당신의 머리털 끝까지 영향을 미칠 것입니다."

"나를 정확히 알아보시는군요. 물론 지금 당신의 말은 매우 공감할 만합니다. 그러나 왜 다른 사람에게는 그런 말을 하지 않습니까?" 승려가 항변했습니다.

"그것에 대해서는 답변할 필요가 없겠군요. 어떻게 극락에 도달할지는 스스로 알아보십시오." 물의 여신은 이렇게 말하고는, 물속으로 들어가 사라졌습니다.

### 개인적인 일화

몇 년 동안 저는 독일 대도시의 매우 오염된 지역에서 살았습니다. 그 도시의 후미진 구석마다 개똥이라든지 쓰레기, 버려진 가구 등이 널려 있었습니다. 가끔 저는 쓰레기 더미 위에서 "이것은 예술인가 아니면 이것을 치울 수 있겠는가?"라는 표지판을 보기도 하였습니다. 그것은 이 상황을 유머러스하게 다루려는 지역 주민들의 소소한 항의였습니다. 제가 자전거를 밖에 세워 두면, 이틀 후에는 제 자전거 바구니 속에 온갖 쓰레기가 가득 채워져 있었습니다. 몇 미터 떨어진 곳에는 주황색-빨간색 쓰레기통이 세워져 있었습니다. 그런데도 짜증이 난 저는 마찬가지로 자전거 바구니의 쓰레기를 우리 집 문 앞에 쌓여 있는 쓰레기 더미에 버렸습니다.

### 되돌아보기

○ 어떤 사람 또는 어떤 사건이 나의 도덕 지침에 영향을 미쳤을까?

○ 나의 도덕 지침은 무엇일까?

ㅇ 나는 나의 잘못된 행동에 대해 다른 사람에게 책임을
전가한 적이 있었을까? 그런 후에 나의 감정은 어땠
을까?

 **한 주의 목표**

나는 종이 위에 나침반을 그리고, 거기에 '나의 도덕 지침'이라는 제
목을 붙일 것이다.

그런 다음 그 위에 마인드맵을 만들고 적어도 네 가지 기본 도덕적
가치 또는 원칙을 기록할 것이다.

나는 그런 원칙에 따라 살고 싶고, 또한 아이들에게도 그것을 전달할
것이다.

나는 네 가지 원칙을 나침반의 네 방향에 각각 기록할 것이다.

# 제33화

## 검을 삼기는 곡예사와 왕비

"자발적으로 사랑하는 사람을 놓아주는 것은
사랑하는 사람을 그의 의지에 반해
붙잡는 것보다 더 어려운 일이다."

옛날 옛적에 왕실 제사장의 아들이 왕비를 사랑하게 되었습니다. 그는 상사병에 걸려, 아무것도 먹고 마시지 못한 채 침상에만 누워 있었습니다. 왕 마다바가 그 소식을 전해 듣고는 그 젊은이를 왕궁으로 불러들였습니다.

"너의 고통을 풀어 주기 위하여 나는 네게 왕비를 일주일 동안 보내겠노라. 일주일 후에는 왕비를 돌려보내도록 하라." 왕은 이렇게 말하고, 왕비에게 제사장의 아들과 함께 가라고 분부했습니다.

제사장의 아들은 왕비를 데리고 집으로 왔습니다. 하지만 일주일 만에 왕비도 그 젊은이를 사랑하게 되었습니다. 그래서 그들은 몰래 도망치기로 결심했습니다.

일주일이 지나도 왕비가 궁전으로 돌아오지 않자, 왕은 왕비를 찾도록 명령을 내렸습니다. 이제 사랑을 잃고 고통에 빠진 사람은 왕이었지요. 게다가 왕은 자신의 처신이 잘못되었다고 자책까지 하게 되었습니다. 왕은 곧 아파서 침상에 눕게 되었습니다. 왕의 주치의도 그를 치료할 수가 없었습니다. 왕의 고문관인 세나카는 왕이 육신의 병이 아니라 마음의 병을 얻었음을 짐작했습니다. 세나카는 어떻게 하면 왕을 도울 수 있을지 아다르쉬와 미툰이라는 두 명의 현명한 대신과 상의했습니다.

　　마침내 그들은 회합을 소집했습니다. 그들은 검을 삼키는 곡예사가 왕에게 깨달음을 줄 수도 있다고 생각하여 회합에 그를 초빙했습니다.

　　왕이 사내가 긴 검을 삼키는 것을 보았을 때, 그의 대신인 아다르쉬에게 물었습니다. "이보다 더 어려운 일이 있겠소?"

　　"전하, 제가 생각했을 때 검을 삼키는 것보다 어떤 것을 자발적으로 내주기가 더 어렵습니다"라고 아다르쉬가 말했습니다.

　　이번에 왕은 미툰에게도 물었습니다. "그대는 어떻게 생각하는가? 이보다 더 어려운 일이 있겠소?"

　　"전하 아다르쉬의 말이 옳습니다. 뭔가를 내주겠다고 말하고도 그렇게 하지 않으면, 그것은 공허한 약속에 불과하지요. 그러나 누군가가 약속을 지키고, 말한 대로 뭔가를 자발적으로 내주는 행위는 정말 어려운 일입니다."

왕은 대신들의 곰곰이 생각하다가 말했습니다. "그대들의 말이 옳소. 검을 삼키는 것보다 뭔가를 자발적으로 내어주면서 약속까지 지킨다는 것은 훨씬 어려운 일이라고 생각하오." 왕은 한숨을 내쉬면 계속 말했습니다. "제사장의 아들에게 왕비를 양보하는 것은 내게 정말 어려웠소."

이렇게 말하자 왕의 쓰라린 가슴은 한결 가뿐해졌습니다. 이제 왕은 그의 고문관인 세나카의 견해도 듣고 싶었습니다. 그는 고문관을 불러 똑같은 질문을 했습니다.

고문관은 대답했습니다. "전하, 저는 아다르쉬와 미툰의 생각에 동의합니다. 뭔가 내어 주고 약속을 지키기는 정말 어려운 일입니다. 그러나 이렇게 하고 후회하지 않기는 가장 어려운 일입니다. 이보다 더 어려운 일은 세상에 없습니다."

왕은 고문관의 말을 곱씹어보고는 말했습니다. "그렇소, 나는 왕비를 제사장의 아들에게 맡겼소. 그러고는 왕비가 돌아오지 않아 고통을 앓았소. 하지만 왕비가 나를 사랑했다면, 달아나지도 않았을 것이오. 그녀가 나를 사랑하지 않는다는 사실이 분명해진 마당에, 내가 가슴 아파해야 할 일이 뭐가 있겠소?"

이렇게 깨달음을 얻자, 왕의 마음은 훨씬 더 편해졌습니다. 왕의 건강은 다음날에는 완전히 회복되었습니다.

## 개인적인 일화

산에서 야유회를 하는 동안, 한 직장 동료가 휴게소에서 포도주 한 병을 마신 후 제게 자신의 고통스러운 상황을 호소했습니다. 어떤 관계의 끝은 정말 고통스러울 것입니다. 그런 일을 조금도 예상하지 못했다면 한층 더 고통스러웠겠지요. 약혼하여 미래를 설계하고, 그러는 중에 아이를 갖고 집도 장만했는데, 이후 그의 아내는 10살쯤 더 어린 남자에게 바람이 났습니다.

분명히 고통스러웠을 테고, 깊은 상처도 남았을 것입니다. 여기서 육체적으로나 정신적으로 자유로워지는 것은 정말 대단한 도전입니다. 이따금 저는 이 혼합 가족을 방문하는데, 모든 당사자가 어떻게 서로 정리하여 살아가고 있는지 보고 놀랐습니다. 어린 딸에게는 이제 두 명의 훌륭한 아버지가 있습니다.

## 되돌아보기

○ 나의 삶에서 내게 이득인 동시에 부담이기도 한 사람 또는 사건이 있을까?

○ 나는 이미 사랑하는 사람을 보내야만 했던 적이 있었

을까? 그렇다면 나중에 나는 후회했었나?

ㅇ 누가 또는 무엇이 나의 삶에서 꼭 있어야만 할까?

 **한 주의 목표**

---

이번 주에 나는 물질적인 것을 놓는 연습을 할 것이다.
나는 나의 가정에서 세 가지 품목을 선정할 것이다. 그것은 내가 좋아서 구했던 사소한 물건일 수도 있다. 나는 영원한 것은 없다고 나 자신에게 말할 것이다. 그리고 그 물건을 선물함으로써 누군가를 즐겁게 해 줄 것이다.

# 제34화

## 앵무새와 죽은 무화과나무

"친구란 좋을 때나 나쁠 때나 함께 하는 법이다."

갠지스강의 히말라야 기슭 어느 숲속에 무화과나무 과실로 먹고 살던 수백 마리의 앵무새가 살고 있었습니다. 앵무새들은 그 과실을 모조리 먹어 치운 후 멀리 날아가 버렸습니다. 오직 앵무새들의 왕만이 그곳에 머물며 남은 것으로만 먹고 살았습니다. 이 앵무새는 남아 있는 싹과 잎새, 심지어는 나무껍질까지 먹고, 강물을 마시며 살았습니다. 앵무새 왕은 이렇게 무화과나무 위에서 홀로 근근이 지냈습니다.

앵무새의 검소한 생활이 너무나 특별해서 제석천도 이 소식을 듣게 되었습니다. 제석천은 땅으로 내려와, 아주 가까운 곳에서 앵무새를 살펴보기 시작했습니다. 제석천은 이 앵무새가 얼마나 오래 버틴 후에야 다른 새들처럼 멀리 날아갈까 자못 궁금했던 것입니다. 제석천은 무화과나무를 마법으로 완전히 말라 죽게 해서 앵무새를 시험하려고 했습니다. 나무는 모든 잎사귀를 잃더니 결국은 바짝 말라버려서, 겨우 텅 빈 그루터기만 남았습니다.

바람이 거세게 몰아치자 그루터기도 허물어지고, 남은 껍질마저 부스러졌습니다. 그러나 앵무새는 계속 그루터기 위에 앉아서 아직도 남아 있던 작은 입자를 먹었습니다. 그런 다음 물을 마시기 위해 강가로 갔습니다. 어려운 상황에도 불구하고 앵무새는 무화과나무를 믿었습니다. 제석천은 이런 앵무새의 태도에 감동했습니다. 그는 앵무새가 나무와 특별한 관계를 맺고 있다고 짐작했습니다. 하지만 제석천은 앵무새에게 왜 계속 이 지역에 머물고 있는지를 직접 물어보고 싶었습니다.

그래서 제석천은 백조로 변신하여, 무화과나무 그루터기 바로 맞은편 물가에 내려앉았습니다. 그런 다음 앵무새에게 물었습니다. "새란 모름지기 나무가 열매를 맺는 곳에 살기 마련이야. 열매가 없으면 새들은 멀리 날아가 버리지. 하지만 너는 예나 지금이나 이 말라빠진 그루터기 위에 머물고 있어. 내게 솔직하게 말해봐. 왜 너는 다른 새들처럼 떠나지 않는 거지?"

그러자 앵무새가 대답했습니다. "그야, 간단해. 나무는 내 친구이고, 내가 나무의 과실로 먹고 살았으니 그에게 감사해야 하는 건 당연하지. 좋을 때나 나쁠 때나 친구를 떠나서는 안 돼. 내가 친구를 떠난다면, 그건 옳지 않은 태도야."

"성실하게 친구 곁에 끝까지 남아 있다니. 정말 아름답다. 그게 바로 미덕이지. 그래서 내가 너에게 소원 하나를 들어주고 싶은데, 말해 봐. 진심으로 원하는 게 뭐야?" 제석천이 앵무새의 소원을 물었습니다.

"만일 가능하다면, 내 친구인 무화과나무가 다시 살아났으면 좋겠어. 다시 나뭇가지와 나뭇잎, 열매가 생기는 거 말이야." 앵무새가 말했습니다.

"그렇게 되리라, 무화과나무는 영원히 열매를 맺으리라." 제석천은 이렇게 말하고는, 본래의 모습으로 되돌아왔습니다. 그가 강에서 물을 길어, 무화과나무를 향해 다가가 물을 뿌리더니, 무화과나무는 즉시 소생하여 찬란한 모습으로 빛났습니다.

앵무새는 제석천을 알아보고, 그에게 즐거운 마음으로 감사를 드렸습니다. "제석천이시여, 찬양받으십시오. 나무가 다시 열매를 맺어서 저는 너무 행복합니다."

## 개인적인 일화

친구들과 캠핑 휴가는 가장 친한 친구와 싸움으로 끝났습니다. 저는 일행을 떠나 혼자 길을 나섰습니다. 눈물이 흘렀습니다. 아마도 우리가 함께 하는 마지막 휴가일 수 있어서 아쉬움이 더 컸습니다. 학창 시절은 끝났고, 친구들은 곧 흩어질 것입니다. 제 안의 도전정신으로 친구들한테서 더 멀리 떨어지고 싶었지만, 배는 연신 꼬르륵거리고 있었습니다. 얼마 후 저는 결국 친구들에게 돌아왔습니다. 우리는 해안 절벽에서 야영했고, 휴가의 마지막 며칠을 함께 지냈습니다. 우리가 더는 자주 보지 못할지라도, 우리는 더욱 친한 사이가 되었습니다.

## 되돌아보기

○ 나의 삶에서 우정은 어떤 비중을 갖을까? 여기서 성실성은 내게 얼마나 중요할까?

○ 힘든 시기에도 나에게는 늘 어떤 친구가 있었을까?

○ 나는 그동안 어떤 사람들을 위해 늘 거기 있었을까?

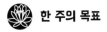 **한 주의 목표**

이번 주에는 오랫동안 대화가 없었던 좋은 친구 몇 명에게 연락할 것이다.

나는 우선 그들의 안부를 묻고, 무엇인가 공동으로 할 일을 그들에게 미리 제안할 것이다.

제35화

# 왕으로 추대된 젊은이

"교활하게 행동하는 자는
그 대가를 각오해야만 한다."

어느 날, 한 젊은이가 왕을 찾아와 이렇게 말했습니다.
"전하, 저는 온 나라에서 최고의 추적자입니다. 저는 전하
를 위해 일하고 싶습니다."

"그게 정말이냐?" 왕이 물었습니다.

젊은이는 확고한 어조로 말했습니다. "물론입니다, 전하.
저는 심지어 몇 년 전에 잃어버린 보물도 찾을 수 있습니
다. 하루에 매일 금화 천 냥을 제게 주신다면, 저는 전하를
위해 기꺼이 일하겠습니다."

왕은 그의 제안을 수락했습니다. 왕은 최고의 추적자가
가져올 보물을 벌써 눈앞에 그리고 있었습니다.

얼마 지나지 않아 젊은이는 궁전에 들어와서, 그가 요구

한 대로 매일 금화 천 냥을 받았습니다. 하지만, 여러 날이 지나도 젊은이는 왕에게 보물을 찾아와 바치지 않았습니다. 그러자 왕은 화가 났습니다.

그래서 왕실 제사장이 그 문제에 대해 왕에게 말했습니다. "전하, 저도 저 젊은 추적자가 본래 주장한 대로 잘할지 의심스럽습니다. 이제까지 저희에게 아무것도 가져오지 않았습니다. 그가 재능이 있는지 저희는 전혀 알지도 못합니다. 그를 저희 앞에서 시험에 보는 것이 좋겠습니다."

왕도 제사장의 말에 동의했고, 그들은 비밀스러운 계획을 꾸몄습니다. 제사장은 그날 저녁에 왕실의 보물창고에서 몇 가지 보석을 꺼내와, 두 명의 믿음직한 경비병에게 맡겼습니다. 그는 두 경비병에게 가능한 한 가장 복잡한 길로 가서 보석을 숨기라고 지시했습니다. 그리하여 그들은 보석이 든 주머니를 가지고 궁전을 세 바퀴 돌고, 법정을 급히 지나 다시 궁전으로 돌아온 뒤, 말을 타고 달렸습니다. 그런 다음 근처의 연꽃이 핀 연못으로 말을 타고 와서는, 연못을 또 세 바퀴 돌았습니다. 이어서 그들은 물가의 땅을 파고 보석 주머니를 그곳에 묻었습니다. 이렇게 한 후에 그들은 궁전으로 돌아왔고, 명령받은 일에 대해서는 비밀에 부쳤습니다.

다음날 제사장은 궁전에 비상사태를 선포했습니다. 내막을 잘 아는 왕을 제외하고 모두가 혼란에 빠졌습니다. 왕은 젊은 추적자를 불렀습니다.

"지난밤에 왕실 보물창고의 보석이 도난을 당했다. 너는 그것을 되찾을 수 있겠느냐?" 왕이 이렇게 물었습니다.

"물론입니다, 전하. 걱정하지 마십시오. 제가 그 보석들을 찾아오겠습니다." 추적자는 이렇게 대답하고 보물창고로 향했습니다.

왕과 시종들은 그의 모든 걸음을 따라다녔습니다.

추적자는 다른 모든 사람에게는 보이지 않는 흔적을 찾아내고는 왕에게 말했습니다. "전하, 제가 보기에 도둑은 여러 명입니다."

왕은 제사장에게 은밀한 눈빛을 보냈습니다. 젊은이는 도둑의 자취를 계속 추적하더니 궁전을 세 바퀴 돌았습니다. 이어서 그는 왕과 그의 시종들을 법정으로 이끌더니, 다시 궁전으로 돌아왔습니다. 그곳으로부터 외곽에 있는 연못으로 향했습니다. 그러는 사이에 온 백성들이 이 사건을 알게 되었습니다. 이제는 모두가 왕과 그의 시종들처럼 젊은이를 따라 연못을 세 바퀴 돌았습니다. 결국 추적자는 물가에서 멈춰 섰습니다.

"전하, 도둑들이 이곳에 보석을 파묻었습니다"라고 그는 땅바닥을 가리키며 말했습니다.

왕은 부하들을 시켜 그곳을 파게 했는데, 얼마 지나지 않아 정말 그곳에서 보석이 든 주머니가 나타났습니다. 빙 둘러서 서 있던 백성들은 환호성을 질렀고, 추적자의 솜씨에 감탄했습니다. 젊은이가 이렇게 자신의 솜씨를 입증했지만, 왕은 아직 만족하지 않았습니다.

"추적자여, 네가 보석을 찾아낸 것은 인정하겠다. 그러나 너는 도둑을 찾아서 내게 넘길 수 있겠느냐?" 왕은 젊은이를 다그쳤습니다.

"전하, 도둑은 우리 근처에 있습니다"라고 추적자가 대답했습니다.

"그래, 누구란 말이냐?" 왕은 도둑이 누구인지 확인하려고 했습니다.

추적자는 얼굴을 찡그리더니 천천히 대답했습니다. "전하, 보석은 전하께서 다시 가지고 계십니다. 왜 전하는 도둑이 누군지 알려고 하십니까? 그냥 놔두시는 게 더 좋을 듯싶습니다."

그러나 왕은 순순히 물러서지 않았습니다. "너는 매일 내게 금화 천 냥을 받으면서 오늘을 제외하면 내게 해 준 일이 없다. 이제 다시 묻겠다. 누가 도둑이냐?"

이번에도 추적자는 도둑이 누구인지 지목하기를 거역했습니다. "전하, 보석은 찾으셨으니, 더는 도둑에 대해서는 묻지 말아 주십시오."

그러자 왕은 분노를 터트리며 젊은이를 위협했습니다. "네가 도둑을 당장 지목하지 않으면, 네가 도둑들 대신에 처형될 것이다."

"전하, 저는 전하를 단지 보호해드리고 싶었을 뿐입니다.

그러나 이제 선택의 여지가 없습니다." 젊은이는 체념한 듯 이렇게 말하고, 주변에 모인 사람들을 향하여 외쳤습니다. "여러분, 제 말을 잘 들어 보십시오! 전하께서 스스로 제사 장을 보석창고로 보내 보석을 꺼낸 후, 그것을 두 명의 경비병에게 주었습니다. 그들이 보석을 가지고 여기저기 다니다가, 그것을 여기 물가에 파묻었던 것입니다."

주변에 모여 있던 백성들이 이 소리를 듣고는, 술렁거리기 시작했습니다. 이때 누군가 큰 소리로 외쳤습니다. "몰래 자신의 보물창고를 털고는, 다른 사람에게 책임을 씌우려는 왕을 경계해야 합니다. 결국 모든 것이 우리의 세금 아니겠습니까!"

이어서 다른 사람도 외쳤습니다. "다시는 이런 범죄를 저지를 수 없도록 왕을 몰아내자!"

그러자 수많은 사람이 몽둥이와 곤봉으로 군인들을 제압한 후, 왕과 제사장에게 달려들었습니다. 그들은 결국 왕과 제사장을 제압했습니다. 그런 다음 그들은 그 젊은 추적자를 새로운 왕으로 추대했습니다.

 **개인적인 일화**

언젠가 저는 기분 나쁜 일을 당했습니다. 제가 주차장으로 돌아왔을 때, 차 보닛 위에 건설용 울타리가 쓰러져 있었습니다. 저는 즉시 달려가 울타리를 다시 세워 놓았습니다. 자세히 보니 래커 칠에 깊은 흠집이 있었습니다. 저는 해당 건설사에 연락하여 보상을 요구했습니다. 건설사 사장은 전화로는 동의했지만, 이후 제가 보낸 모든 연락을 무시했습니다. 이 때문에 거의 2년 동안 법적 분쟁이 지속되었습니다. 처음에 피고는 변호사의 편지를 통해 손상된 차량이 제 소유가 아니라고 주장했습니다. 나중에 건설사 사장은 자기 직원을 증인으로 불렀는데, 그들은 건설용 울타리를 제대로 세워 두었다고 해명했습니다. 하지만 판사는 증인에 대한 심문으로 피고의 속임수를 밝혀냈습니다. 결국 건설사는 저에게 손해 배상금을 물어야 했고, 법정 비용도 책임져야 했습니다.

 **되돌아보기**

○ 나는 전에 누군가에게 속은 적이 있을까?

○ 다른 사람들에게 나의 능력을 증명해야 한다고 종종

느낀 적이 있었을까?

o 어떤 상황에서 나는 다른 사람들에게 나를 정당화해야
  한다고 느낄까? 그 이유는 무엇일까?

 **한 주의 목표**

---

이번 주에 나는 "아무것도 하지 않는다"라는 좌우명을 실행할 것
이다.

이렇게 함으로써 나는 극한 상황이나 사람들에 의해 뭔가 강요받고
있다는 생각에서 완전히 벗어나려고 노력할 것이다.

나는 나 자신 외에 누구에게도 책임이 없다는 것을 알고 있다. 나는
다른 사람들이 나에 대해 어떻게 생각할지 걱정하지 않을 것이다.

나는 종종 "아니오"라고 말하고는, 이에 따라 반대 흐름에 맞서 나
갈 것이다. 결정이나 일에 관한 한, 나는 이렇게 나 자신에게 말할 것
이다.

"아무도 나에게 무엇을 하라고 강요할 수 없다!"

# 제36화

## 까마귀와 황금 거위들

"긍정적인 내면의 태도가
아름다움과 힘을 줄 수 있다."

어떤 욕심 많은 까마귀가 죽은 코끼리의 몸을 먹고 있었습니다. 며칠 후 까마귀는 그것으로 더는 만족할 수 없어서 다른 먹을거리를 찾으려고 갠지스강으로 날아갔습니다. 물가에서 까마귀는 죽은 물고기를 발견했습니다. 그러나 이 것조차 며칠 후에는 충분하지 않았습니다. 그래서 까마귀는 히말라야산맥을 향해 날아갔고, 그곳에서 아주 다양한 열매들을 찾아냈습니다.

주변을 계속 탐색하던 중 거대한 연꽃 연못을 발견했습니다. 연못에는 많은 물고기와 거북이가 살고 있었습니다. 그 밖에도 가장 눈에 띈 것은 연못에서 헤엄치며 수생식물들을 먹고 있던 황금 깃털을 가진 두 마리의 거위였습니다. 그러자 까마귀는 생각했습니다. '내가 이제까지 본 새 중에 가장 아름다운 새로구나. 내가 저 새가 먹는 걸 똑같이 먹으면, 분명히 나도 저렇게 아름다운 깃털을 갖게 되겠지.'

까마귀는 거위 근처의 나뭇가지에 앉아서 거위들에게 말을 걸었습니다. "안녕! 너희들이 두른 깃털처럼 아름다운 것은 본 적이 없어서 그러는데, 너희가 도대체 어떤 동물인지 말해 주겠니?"

"안녕, 반갑다 까마귀야! 우리는 황금 거위란다. 우리가 뭘 도와줄까?" 두 거위 중 한 마리가 잔잔한 음성으로 대답했습니다.

"아, 뭐 그것보다 너희가 온종일 무얼 먹고 사는지 궁금하네. 열매야, 고기야? 너희는 어쩌면 그렇게 튼튼하고 아름다운지 모르겠다." 까마귀가 말했습니다.

"네 생각은 어때? 이곳 연못에는 어떤 열매도 없어. 그렇다고 우리가 어떻게 다른 동물의 고기를 먹을 수 있겠니? 우리는 먹이를 위해 아무에게도 해를 끼치지 않아. 우리는 그저 수초만 먹고 살아." 다른 거위가 대답했습니다.

"내 생각에 너희는 가장 좋은 것만 먹어서 아름다운 것 같아. 어쨌든 나는 죽은 동물의 고기를 먹거나 열매 같은 거나 먹어. 때로는 목숨을 걸고 기름과 소금이 들어간 인간의 음식을 몰래 훔쳐 먹기도 해. 하지만 전혀 같은 아름다움을 전혀 갖지 못해."

이제 거위들은 까마귀의 문제가 무엇인지 이해했습

니다.

거위 하나가 더 상세히 말했습니다. "까마귀야, 네 먹이
는 깨끗하지 않아. 먹이를 구하는 데 온 힘을 사용하지만,
시체와 과일은 분명히 네게 충분치가 않아. 탐욕스럽게 서
둘러 음식을 삼키면, 만족감을 느낄 수 없어. 나를 한번 믿
어봐. 먹을 때의 불쾌감은 기력을 빼앗고, 외모에도 반영되
는 법이거든."

다른 거위가 거들었습니다. "다른 자에게 고통을 주지
않고 조용히 평화롭게 음식을 먹으면, 힘과 아름다움을 얻
을 수 있어. 그것은 섭취하는 음식에만 좌우되는 것이 아
니야."

하지만 까마귀는 거위들이 무슨 말을 하려는지 이해하
지 못했습니다. 까마귀는 모욕감을 느끼며 대꾸했습니다.
"나는 너희 같은 아름다움 따위는 필요 없어." 이렇게 말하
곤 훌쩍 날아가 버렸습니다.

## 개인적인 일화

이따금 저는 자신과 저의 미래, 제 가족에 대해 걱정하곤
합니다. 그런가 하면 우리가 살고 있는 세상도 염려하지요.
저는 부정적인 뉴스의 소용돌이에 휩싸인 채 종종 슬픔에
사로잡히곤 합니다. 제 삶의 현실에는 잘 어울리지 않는 세
계고世界苦라고나 할까요. 사실 저는 그럭저럭 잘 지냅니다.
그래도 이 슬픔과 걱정은 적어도 감정적 차원에서는 진심
입니다. 이럴 때면 저는 단 음식이나 인스턴트 음식을 먹습
니다. 비스킷이나 초콜릿, 햄버거와 감자튀김은 고통을 잠
시나마 달래줍니다. 칼로리로 없애고 싶은 부정적인 감정
을 삼킵니다. 체중이 더 늘어나면서 소파에 더 큰 매력을
느끼고, 미디어 소비가 잦아지고 있습니다. 나쁜 습관이 점
점 몸에 배고 있습니다.

## 되돌아보기

ο 나는 음식이 건강에 미치는 영향에 많은 시간을 할애할
  까, 아니면 음식이 내게 순수한 필수품일까?

ο 식사 습관이 나의 육체적이고 정신적인 안정에 얼마나
  영향을 미칠까?

○ 요리하고 식사하는 데 시간이 오래 걸릴까, 아니면 주로 빨리 끝낼까?

 **한 주의 목표**

---

이번 주에 나는 나의 식사 습관에 더 주의를 기울일 것이며, 적어도 한두 번은 직접 요리할 것이다.

이를 위해 요리책을 뒤지거나 몇 가지 조리법을 인터넷에서 찾아볼 것이다.

나의 식사 습관에 대해 평소보다 더 많이 조사할 것이며, 의식적으로 천천히 식사할 것이다.

이럴 때 나는 다른 일을 하지 않고, 뉴스도 보지 않을 것이다.

나는 얼마나 자주 씹는지 세어보고, 먹을 때 느낌이 어떻게 변하는지 주의를 기울일 것이다.

# 제37화

# 세상에서 가장 큰 행복

> "행복과 만족은 자신의 마음을 따르면
> 많은 것에서 찾을 수 있다."

히말라야산맥에서 라키타라고 불리는 주지 스님은 오백 명의 제자들과 함께 살고 있었지요. 매년 장마철이 찾아오면 산기슭에서 승려 생활은 견디기가 어려웠습니다.

그래서 가장 나이 든 제자가 주지 스님에게 말했습니다. "스승님, 장마철에 다른 제자들과 함께 도시로 가서 피난처를 찾도록 허락해 주십시오. 그곳에서는 식량도 비축할 수 있습니다. 육체 활동은 우리 모두에게 도움이 될 것입니다."

라키타는 제자의 제의를 받아들이고 혼자서 산에 남았습니다.

리키타의 제자들은 산에서 출발하여 가장 가까운 도시로 걸어가, 왕실 공원에 피난처를 얻었습니다. 왕과 백성들은 승려들을 존중했습니다. 어느 날 시청에서 왕이 회의를 갖는 동안 '행복이란 무엇인가'라는 물음이 주제가 되었습니다. 참석자 모두가 서로 얼굴만 바라보고 말을 하지 못했습니다. 아무도 이 물음에 대답하지 못하자, 왕과 참석자들은 승려들이 기거하는 왕실 공원으로 갔습니다.

그곳에서 왕은 승려들에게 물었습니다. "스님들, 행복이 무엇인지 말해 주시겠소?"

하지만 그곳의 승려들도 마찬가지로 그럴듯한 대답을 하지 못했습니다.

"전하, 저희 역시 이 물음에 대답할 수 없습니다만, 히말라야 산기슭에 계신 저희의 스승님은 현명하신 분이니, 이 물음에 확실하게 대답하실 수 있을 것입니다." 가장 나이든 제자가 이렇게 말했습니다.

"히말라야로 여행은 우리에게는 힘든 일이오. 스님들께서 스승님께 물어보고 돌아와 우리에게 답을 알려 주실 수 없겠소?" 왕이 승려들에게 부탁했습니다.

그리하여 승려들이 히말라야로 가서, 스승에게 행복이 무엇인지에 대한 답을 달라는 왕의 부탁을 전달했습니다.

"스승님, 행복이란 무엇입니까? 사람이 행복을 알려면 어떻게 해야 합니까?" 가장 나이가 든 제자가 물었습니다.

주지 스님 라키타는 대답했습니다. "잘 들어보게. 모든 생명체를 열린 마음으로 존중하는 사람은 행운을 얻고 복을 받는다네.

모든 사람에 대한 겸손으로 가득 차 있고, 삶의 모든 도전을 인내하며 조용히 맞이하는 사람은 행복해진다네.

동료와 친구들을 업신여기지 않고, 일과 지위나 출신을 자랑하지 않는 사람은 복을 받는다네.

자신을 신뢰하고 자신에게 거짓말하지 않는 좋은 사람들을 친구로 두고 있는 사람, 그리고 결코 친구를 해하지 않고 자신의 부를 친구와 함께 나누는 사람은 친구들에게서 행복을 찾는다네.

자녀를 낳아 주고 가정에 충실하면서도 의롭고 헌신적인 아내가 있는 사람은 아내에게서 행복을 찾는다네.

정치적 업무를 잘 수행하고 순수한 본성을 가진 통치자를 가진 사람은 그의 지도자에게서도 행복을 찾는다네.

다른 사람에게 먹을 것과 마실 것을 나누어 주고, 평화로운 마음으로 친구를 늘리는 사람은 행복을 찾는다네.

고귀한 현자와 함께 지내는 사람은 현자에게서 행복을 찾는다네.

지혜롭고 순수한 이 세상의 모든 것들, 우리가 보고 듣고 느낄 수 있는 이 모든 것들은 행복을 의미한다네."

승려들은 스승의 이 대답을 듣고 다시 산을 떠나서, 왕과 그의 백성에게 그 말을 전했습니다. 그 이후로 행복을 얻는 비결이 세상에 알려졌습니다. 주지 스님이 말한 내용을 주목하고 따른 사람은 행복을 얻었습니다.

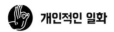 **개인적인 일화**

어느 여름날 저는 낡은 성을 수리해도 좋다는 허가를 받았습니다. 수 세기에 걸쳐 여러 번 바르고 칠한 건축물 아래서 오래된 천장 그림이 여기저기 나타났습니다. 노신사인 남작은 15세기 문서에 처음 언급된 이 오래된 건물에서 가족과 함께 살았습니다. 작업을 마친 후 우리는 좋은 포도주를 놓고 함께 앉아 담소를 나누고, 체스 게임도 한두 번 했습니다. 게임 도중에 저는 왜 그가 그렇게 편안하고 내게 침착하게 보이는지 그 비결을 물었습니다. 그는 B9 자리로 나이트를 끌어와 저를 외통수에 몰아넣고는, 미소를 지으며 대답했습니다. "자네는 인생이 게임이라는 사실만은 알아야 하네. 게임을 하다 보면, 이길 때도 있고 질 때도 있지. 그걸 받아들이면 만사형통이라네."

 **되돌아보기**

○ 무엇이 나를 특히 행복하고 만족스럽게 해줄까?

○ 행복과 만족감을 오랫동안 누리려면 내게 필요한 것은 무엇일까?

○ 나를 행복하고 만족스럽게 하는 것은 오히려 경험이나
  인간관계가 아닐까?

 **한 주의 목표**

---

나는 이번 주에 물질적인 욕구를 마음껏 채워 볼 것이다.

또한 사랑하는 사람과 함께 시간을 보낼 것이다.

그런 다음 이 두 가지 경험을 비교하고, 무엇이 나를 더 행복하게 했
는지 검증할 것이다.

# 제38화

# 인생은 이슬방울 같다

"인생은 사소한 일로 낭비하기엔 너무 짧다."

모흐드라는 이름의 젊은 왕자는 그의 마부와 함께 나들이 나가는 것을 좋아했습니다. 어느 서늘한 가을날 두 사람은 새벽에 공원에 산책을 나왔습니다. 이때 왕자는 나뭇가지와 나뭇잎, 풀잎 끝에서 반짝이는 진주를 보았습니다.

"저게 무엇인가?" 하고 왕자는 마부에게 물었습니다.

"왕자님 저건 이슬방울입니다. 공기 중의 습기가 밤에는 차가워지면서 물방울로 변한 것이지요."

왕자는 대답을 듣고 만족해하면서 공원을 거닐었습니다. 왕자가 오후 늦게 마부에게 돌아왔을 때, 그는 이슬방울을 찾으려고 두리번거렸습니다.

왕자는 당황한 표정으로 마부에게 물었습니다. "이슬방울이 어디로 갔소? 도대체 그걸 어디서도 볼 수가 없군."

그러자 마부는 빙그레 웃으며 대답했습니다. "왕자님, 해가 뜨면 물방울들은 나뭇가지와 나뭇잎, 풀잎 끝에서 떨어져 땅속으로 스며듭니다."

모흐드 왕자는 이 말을 듣고 생각에 잠겼습니다.

잠시 후 그는 마부에게 말한다기보다는 자기 자신에게 중얼거렸습니다. "우리 인간들이란 이슬방울과 다르지 않구나. 인생은 영원하지 않아. 생로병사生老病死의 고통 중 노병사老病死가 아직 오직 않은 이때, 나는 부모님과 작별을 고하고 속세에 등을 돌려야겠어."

두 사람이 다시 궁전으로 돌아왔을 때, 왕자는 아버지인 사바다타 왕을 서둘러 찾았습니다. 이때 왕은 그의 대신들과 함께 법정에 있었습니다.

왕자는 단도직입적으로 말했습니다. "아바마마, 저는 궁전을 떠나 이 세상과 연을 끊으려 합니다."

"아들아, 대체 네가 뭐가 부족해서 그러느냐? 내가 원하는 걸 모두 해 줄 수 있다. 혹시 누가 너를 해코지하더냐? 그렇다면 내가 그를 제거해 주마. 하지만 은둔자가 될 생각은 제발 하지 말거라!" 왕이 아들을 달랬습니다.

"부족한 것은 없고, 아무도 저를 해코지하지도 않았습니다. 그러나 세월이 저를 압도하기 전에 은신처를 찾고 싶습니다."

"왕자, 백성에게는 네가 필요하다. 너는 내 아들이잖느냐. 너 말고 누가 왕권을 계승하겠느냐?"

"아바마마, 제발 저를 제지하지 마세요. 그러시면 저는 계속해서 세속적인 욕망에 중독되어, 세월의 희생양이 될 것입니다."

이러는 사이 왕자에 대한 보고가 대신들을 거쳐 왕비에게 전달되었습니다.

왕비는 서둘러 달려와, 숨을 헐떡이며 아들에게 간청했습니다. "아들아, 나는 너를 오랫동안 내 곁에 두고 싶다. 제발 떠나지 말아다오."

하지만 모흐드 왕자는 확고하게 결단을 내리고, 왕비에게 말했습니다. "풀 위의 아침 이슬이 따뜻한 햇빛을 견디지 못하듯이, 언젠가는 사라질 인간의 삶도 마찬가지입니다. 어마마마, 저를 붙잡지 마세요!"

왕비는 눈물을 흘리며 그곳을 떠났습니다.

그러자 모흐드 왕자는 진지한 얼굴로 아버지를 응시하면서 다시 간곡히 청했습니다.

왕은 그를 더 이상 만류할 수 없어서 떨리는 목소리로 말했습니다. "그것이 너의 확고한 결정이라면, 이제 가서 네 뜻을 실행하거라. 그래, 이곳을 떠나도 좋다."

그러자 모흐드 왕자의 동생인 자두도 형을 따라가기로 결심했습니다. 두 형제는 세속의 욕망과 결별하고, 함께 왕궁을 떠났습니다. 그들은 히말라야 산기슭에 새로운 거처를 마련했습니다. 그곳에서 소박한 은둔생활을 하다가 마침내 깨달음을 얻었습니다.

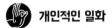 **개인적인 일화**

제가 대학을 졸업하고 쾰른에서 베를린으로 이주했을 때, 저는 많은 꿈과 소망을 당분간 접어야 했습니다. 친구와 동료들 간의 아름다운 추억, 직장, 사회적 환경까지 새로운 도시에서 새로운 과제가 되었습니다. 나는 소지품과 생활용품을 창고에 임시로 보관해 두었습니다. 정리가 안 된 주거 상황으로 인해 처음 몇 달은 친구나 지인의 집 부엌 소파에서 잤습니다. 제가 마침내 적합한 숙소를 찾은 후에, 저는 놀랍게도 보관하고 있던 대부분의 소지품 없이 그간 지내왔다는 사실을 깨달았습니다.

저는 종종 인생에서 저에게 정말로 중요한 것이 무엇인지에 대해 생각합니다. 모든 것은 덧없고 언젠가는 어차피 이 세상에서 사라질 것이기 때문에, 제 삶을 풍요롭게 하는 것은 계좌에 들어 있는 돈의 액수라기보다 아름다운 과거의 순간들과 경험입니다. 인생은 물질적 재화만을 쌓기에는 너무 짧습니다.

 **되돌아보기**

○ 나에게 충만한 삶을 결정하는 것은 무엇일까?

ㅇ 나는 내 인생에서 무엇을 체험하고 시도하고 싶을까?

ㅇ 나는 정신적 가능성, 재능, 확신이나 가치관에 따라 시
간을 보내고 있을까?

 **한 주의 목표**

나는 이미 오래전부터 하고 싶었고, 언젠가 죽기 전에는 체험하고 싶
었던 것들을 기록한 미래를 위한 작은 목록을 만들 것이다.

나는 무엇이 지금까지 내 계획을 실현하지 못하게 했는지를 숙고할
것이다.

그리고 나는 무엇이 일의 진행을 방해하는지를 나 자신에게 물어볼
것이다.

## 제39화

# 인내심 많은 승려

"당신을 정말 도울 수 있는 사람에게만
당신의 고통을 호소하라."

아미르라고 불리는 한 젊은이는 주지 스님에게서 승려가 되기 위한 교육을 마쳤습니다. 그는 절을 떠나서 갠지스강 건너편에서 탁발승으로 지냈습니다. 그는 주지 스님의 가르침에 감사를 표하기 위해, 충분한 금이 생길 때까지 자선금을 모으고 싶었습니다. 하지만 왕국은 가난했고, 왕은 거의 모든 금을 혼자서 쌓아 두고 있었습니다.

오랜 시간이 지나서야 아미르는 금 일 온스를 모았습니다. 이것을 주지 스님에게 가져가기 위해서 그는 도시 변두리의 갠지스강에 있는 사공의 배에 올라탔습니다. 하지만 그들이 물살이 빠른 급류에 접근하자, 배가 심하게 요동을 쳐서 금이 든 주머니가 강물에 빠지고 말았습니다. 아미르는 스승에게 가는 여정을 계속할 수 없어 다시 강가로 돌아왔습니다.

그곳에서 그는 생각에 잠겼습니다. '내가 이제 다시 탁발을 나서면, 금을 모으기까지 오랜 시간이 걸리겠지. 스승님은 정신이 사나워지면 계속 명상하고 잡념을 끊으라고 가르쳐 주셨어. 단순히 여기 앉아 있으면 어떨까? 언젠가 해결책이 저절로 떠오를 거야.'

아미르는 그 자리에서 가부좌를 하고 앉았습니다. 그리고 그는 곤궁의 표시로 주황색 겉옷을 입었습니다. 그의 목에 걸린 염주는 물질에 대한 포기를 상징했습니다. 이렇게 그는 눈을 감은 채, 강가의 은빛 모래 위에 마치 석상처럼 앉아 명상에 들어갔습니다.

시간이 지날수록 행인들이 이런 그에게 말을 걸었습니다. "스님! 왜 여기 앉아 계십니까?"

하지만 아미르는 그 누구에게도 대답하지 않았습니다.

묵상하고 있는 승려에 대한 소식이 다음날 가까운 도시에 알려졌습니다. 주민들은 호기심이 생겨서 그를 찾아왔습니다. 그들은 승려에게 어디서 왔고 강가에서 무엇을 하고 있는지 물었습니다. 그러나 대답을 들을 수는 없었습니다.

이틀 후에는 더 많은 주민이 그를 찾아왔고, 사흘째 되는 날에는 상류층 사람들이 찾아왔습니다. 나흘째가 되자 왕의 시종이 그를 찾아왔습니다. 모두가 그의 행동이 궁금하여 물었지만, 대답을 들을 수는 없었지요. 마침내 왕이 이런 소식을 듣자, 왕은 내막을 알기 위해 가장 높은 대신을 파견했습니다. 그러나 그 역시 이 승려에게서 아무 대답도 듣지 못했습니다.

일주일째가 되자 왕이 결국 시종들과 함께 찾아와, 강가에서 명상하고 있는 승려를 발견했습니다.

왕이 승려에게 다가와 물었습니다. "안녕하시오, 젊은 스님. 나는 그대에게 나의 사자들을 보냈소. 그들이 그대에게 말을 걸었으나, 한마디 대답도 듣지를 못했다고 하오. 왜 그대는 여기서 고행하며 침묵하고 있는 것이오?"

승려는 눈을 떴습니다. 그리고 밝은 일광에 잠시 눈을 깜빡거렸습니다. 그는 왕을 올려다보고, 가느다란 목소리로 대답했습니다. "전하, 고통은 그것을 해결할 수 있는 사람하고만 나누는 법입니다."

왕은 이마를 찌푸렸습니다. 이에 승려는 왕이 자신의 말뜻을 이해하지 못했다는 사실을 알아차렸습니다. 그래서 승려는 말을 계속했습니다.

"자칼과 새의 말은 이해하기 쉽지만, 사람의 말은 그렇지 않나 봅니다. 전하는 어떤 사람이 전하의 친구이자 동반자이고, 누군가는 가족에 속한다고 생각할지 모르겠습니다. 하지만 우정이나 관계가 일단 끝나면, 그것은 종종 분노와 적대심의 원인이 되기도 합니다."

왕은 생각에 잠겨 턱을 긁었습니다.

승려는 말을 계속했습니다. "예고 없이 부적절한 시기에 자신의 고통을 다른 사람에게 반복적으로 말하는 누군가는 그의 적을 즐겁게 해주지만, 친구들은 기뻐하지 않고 그와 함께 고통을 겪게 될 것입니다. 하지만 누군가가 적절한 시기에 자신에게 호의적인 사람을 찾는다면, 그는 호의적인 사람에게 자신의 근심을 조심스럽게 전달할 수 있습니다."

왕은 옆으로 머리를 살짝 숙인 채 아미르의 말을 주의 깊게 들었습니다.

"하지만 만일 그가 자신의 탄식이 도움이 되지 않고 좋은 일로 이어지지도 않는다고 느낀다면, 그는 고통을 당당하게, 그러나 침묵하며 견뎌 낼 것입니다"라고 승려가 말을 끝냈습니다.

"이보시오, 스님. 그대도 보았듯이 이렇게 찾아온 나는 그대에게 호의적이라오. 그대의 고통은 대체 무엇이란 말이오?" 왕이 궁금하여 물었습니다.

아미르는 왕에게 승려 교육에 대한 감사의 뜻으로 스승에게 수업료를 주고 싶었다고 말했습니다. 그는 강물을 가리키며 자신이 힘들게 탁발하여 모은 자선금을 저곳에 빠트렸다고 설명했습니다.

"그렇다면 어째서 그대는 나의 시종들에게 이런 사정을 즉시 말하지 않은 것이오?"라고 왕이 물었습니다.

"전하의 시종들은 저의 고통을 덜어 줄 수 없었을 것입니다. 그래서 그들과 대화를 나누지 않았습니다. 그러나 전하, 전하는 저의 고통을 덜어 줄 수 있는 유일한 분이십니다. 그런 이유로 저는 전하에게 말씀을 드린 것입니다."

왕은 고개를 끄덕이고는 말했습니다. "걱정하지 마시오. 자네 스승에게 줄 금을 내가 마련해 주겠소."

왕은 그의 시종들에게 금을 가져오게 시켰습니다. 시종들은 승려에게 그가 본래 가지고 있던 금의 두 배를 건넸습니다.

아미르는 왕에게 감사를 표하고, 그의 스승을 향해 길을 떠났습니다. 그는 마침내 스승에게 금을 전해 줄 수 있었습니다.

승려와의 만남으로 인하여 왕에게도 뭔가 변화가 생겼습니다. 왕은 더 많은 금을 모으는 것이 아니라, 오히려 가난한 백성들에게 그것을 나누어 주었습니다. 이때부터 그는 정의를 최고의 법칙으로 내세워 나라를 통치했습니다.

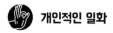
**개인적인 일화**

어느 친한 여자 친구는 자기가 여전히 싱글이라는 점에 대해 계속 하소연하곤 했습니다. 그녀는 홀로 늙어 버릴지도 모른다는 두려움에 사로잡혀 있었습니다. 그러나 몇몇 친구들의 귀에는 이것이 징징거리는 자기 연민처럼 들렸기 때문에, 그들 중 몇몇은 그녀와 연락을 끊었습니다. 승려의 이야기에서와 유사하게 그녀는 친구들이 그녀의 삶에 일어나는 일에 관심을 두지 않는다는 태도를 배워야 합니다. 우리가 모든 사람에게서 공감을 기대할 수는 없습니다.

**되돌아보기**

○ 내가 누군가에게 일을 맡겼지만, 그 사람에게서 진정한 관심이나 공감을 얻지 못한 적이 있을까?

○ 나는 그 사람들이 나를 도우려 하지 않거나 도울 수 없다는 사실을 알면서도, 내 문제나 걱정을 그들과 종종 상의한 적이 있을까?

○ 나는 원칙적으로 문제를 어떻게 처리할까? 나는 주로 그런 문제에 대해 심각하게 오랫동안 고민했을까, 아

니면 즉시 구체적인 해결책을 찾으려고 했을까?

 **한 주의 목표**

___

나는 이번 주에는 효과가 있고 잘되는 일에 더 집중할 것이다.

나는 "내 삶에 만족하기 위한 목록"을 만들어서, 그것을 세면대 거울이나 찬장에 잘 보이게 걸어 둘 것이다.

무엇인가에 서글퍼지는 기분을 느낄 때마다, 나는 목록에 있는 것들을 큰 소리로 읽을 것이다.

# 제40화

## 바람결에 사라진 두 마리 앵무새

"내게 너의 친구들을 보여 주거라,
그러면 나는 네가 누구인지 말해 주겠다."

앵무새 부부가 어느 날 두 개의 알을 낳았습니다. 두 마리 새끼가 알에서 나오자, 부부는 먹이를 구하러 멀리 날아갔습니다. 그러는 사이에 강한 돌풍이 숲을 뚫고 지나가면서 둥지를 날려 버렸습니다. 회오리바람에 휩쓸려 형제 앵무새 중 한 마리는 숲의 오른쪽으로, 다른 한 마리는 숲의 왼쪽으로 날아갔습니다.

그중 한 마리는 은거 중인 승려들의 숙소로 떨어졌습니다. 앵무새가 부드러운 꽃밭에 내려앉았다고 하여 승려들은 이 어린 새를 푸파, 즉 "꽃새"라고 불렀습니다.

다른 한 마리 앵무새는 어느 산기슭의 평지로 떨어졌습니다. 그곳에는 산적의 무리가 집을 짓고 살고 있었지요. 앵무새는 무기고 한가운데로 거칠게 떨어졌기에, 산적들은 이 새를 "창의 숲"을 의미하는 사티라고 불렀습니다.

어느 날 왕 판찰라가 사냥을 위해 시종들을 데리고 이 숲
으로 들어왔습니다.

왕은 사냥에서의 실수를 참지 못했기에, 그의 부하들에
게 으름장을 놓았습니다.

"가젤을 놓치는 자는 머리를 내놓아야 한다."

그들은 가젤이 놀라 달아나지 않도록 말과 마차를 뒤에
두고 숲속을 일렬로 걸었습니다. 갑자기 바로 앞에 있는 덤
불 속에서 바스락거리는 소리가 들리더니, 가젤 한 마리가
껑충 뛰어나왔습니다. 가젤은 왕 바로 옆으로 달아났습니
다. 부하들은 왕을 은근히 조롱했는데, 엄밀히 말하면 형벌
은 오히려 왕이 받을 만했기 때문입니다. 이에 왕은 화가
치밀어 올랐고, 빠져나간 가젤을 더욱 죽이고 싶었습니다.
왕은 마차에 올라타 마부에게 얼른 가젤을 쫓아가라고 명
령했습니다.

그들은 숲속 깊숙이 들어갔지만, 가젤의 흔적을 찾을 수
가 없었습니다. 근처에 산적들의 마을이 있다는 사실도 알
지 못한 채 그들은 어느 동굴 앞에 섰습니다. 왕은 지쳐 마
부에게 물을 가져오라고 지시했고, 왕은 나무 그늘에서 잠
이 들었습니다.

그 시각에 앵무새 사티와 요리사인 람바만 산채에 머물

고 있었습니다. 산적들은 약탈하러 숲을 떠났기 때문이었습니다. 이때 앵무새 사티는 마을을 한 바퀴 돌다가 잠자는 왕을 발견했습니다. 사티는 곧장 돌아와 요리사 람바를 급히 불렀습니다. 이윽고 요리사는 앵무새를 어깨 위에 앉히고, 코를 골며 잠자는 왕 앞에 섰습니다.

"어서 해치워. 잠자는 왕을 죽이고 몸에 걸친 장신구를 빼앗아." 앵무새가 요리사를 다그쳤습니다.

"너 미쳤어, 사티? 이건 너무나 위험한 짓이야!" 람바가 이렇게 대답하고는, 조심스럽게 사방을 둘러보았습니다.

그러나 앵무새는 이런 요리사를 비방했습니다. "너는 왜 그렇게 어리석은 거야, 람바. 간단한 일인데, 왜 그렇게 두려워하지?"

이때 반쯤 깨어난 왕은 그들이 무슨 말을 하는지 들을 수 있었습니다. 그는 '뭐 저렇게 사악한 앵무새가 있나, 이곳을 빨리 떠나야겠어' 하고 생각했습니다.

그 순간 마부가 물을 가지고 돌아왔습니다. 요리사는 앵무새와 함께 재빨리 수풀로 들어가 숨었습니다. 왕은 벌떡 일어나 마부에게 달려갔습니다.

"서두르게, 우리는 당장 떠나야 하네!" 왕은 이렇게 말하고 마차에 올랐습니다. 마부는 왕의 분부대로 따랐고, 그들은 쏜살같이 그곳을 떠났습니다.

앵무새 사티는 그들이 떠나는 모습을 보면서 화를 냈습

니다. "저기 왕이 떠나잖아. 너가 그를 놓아준 거야! 장신구만 빼앗았어도 우리는 잘 살 수 있을 거라고."

잠시 후에 왕과 마부는 숲의 저지대에 접어들었습니다. 그들은 은자들의 숙소에 도착했던 것이지요. 그곳에는 모두가 숲에서 과실을 찾으러 나가 아무도 없었습니다. 단지 앵무새 푸파만이 그곳에 남아 왕에게 정중하게 인사했습니다.

"어서 오세요, 임금님. 이곳에는 달콤한 과실과 물이 있답니다. 마음에 드는 대로 마음껏 드세요. 내 친구들인 승려들은 분명히 금방 돌아올 거예요."

왕은 친절한 앵무새의 태도에 깜짝 놀라서 앵무새에게 말했습니다. "아, 너는 참 상냥하고 친절하구나! 얼마 전에 나는 나를 죽이려 했던 못된 앵무새를 만났지. 그래서 나는 도망쳐서 이곳으로 왔다."

"당신은 분명히 내 동생 사티를 말씀하시는군요. 우리는 어렸을 때 헤어졌어요. 사티는 산적들의 소굴에서 자랐답니다. 반면에 나는 이곳에 은둔하고 있는 승려들에게서 자랐어요. 사티는 유감스럽게도 사악한 앵무새가 되었고, 나는 착한 앵무새가 되도록 교육받았지요. 그러니 우리는 그렇게 다를 수밖에요." 푸파가 설명했습니다.

"내게 더 말해 보거라, 귀여운 새야. 네 동생은 어떻게 그런 나쁜 마음씨를 갖게 되었고, 너는 어떻게 그런 착한 마

224

음씨를 갖게 된 것이냐?" 왕이 물었습니다.

"그거야 간단하지요. 누구나 좋은 본보기를 따르느냐 나쁜 본보기를 따르느냐에 영향을 받는 법이에요. 우리는 우리 주변의 사람들처럼 행동하죠. 현명한 사람은 나쁜 사람들에게 물들까 봐 그런 자들과는 사귀지 않아요. 당신이 독화살을 화살통에 꽂고 있다면, 나머지 사람의 화살도 마찬가지로 독이 묻어 있어요. 나쁜 본보기도 이와 같아요. 반면에 당신이 나뭇잎에 상큼한 향기를 불어넣으면, 나뭇잎도 상큼한 향기를 뿜어 내죠. 이런 예가 보여 주듯이, 선을 존중하고 악을 멀리 해야 해요. 그도 그럴 것이 의로운 자는 천상에 이르고, 악한 자는 운명적으로 지옥에 떨어지니까요."

왕은 앵무새로부터 이런 지혜의 말을 듣고는, 마음속 깊이 감동했습니다.

승려들이 그들의 숙소로 돌아왔을 때, 왕은 그들을 초대하여 그때부터 왕실 공원에 살게 했습니다. 아울러 왕은 앵무새의 충고를 새겨들었는데, 그는 앞으로는 현자들과 같이 지내고 싶었기 때문입니다.

하지만 앵무새 푸파는 숲속에서 머물기를 더 원했습니다. 그리하여 푸파는 숲속에서 행복한 나날을 보냈습니다.

## 개인적인 일화

제가 수공예에 종사하던 시기에, 저는 자주 독일의 다양한 건설 현장에서 일했습니다. 조각가나 화가, 곡예사 등 놀랍고 흥미로운 많은 사람과 같이 일을 할 수 있었던 것은 제게 큰 행운이었지요. 그렇지만 저는 주로 대규모 건설 현장에서 부정적인 경험도 많이 해보았습니다. 인종 차별이나 동성애 혐오, 염세적인 분위기 등이 일상사였습니다. 그곳에서 오래 일할수록 그만큼 더 저는 주변 환경이 얼마나 제게 많은 영향을 주는지 실감했습니다. 저 역시 갈수록 불만을 더 많이 토로했고, 특정한 사람들 근처에서는 점점 더 불편함을 느껴야 했습니다.

## 되돌아보기

○ 나는 어떤 주변 환경에서 성장했을까? 그런 환경에서 내게 특히 영향을 준 것은 무엇일까?

○ 성공 철학자이자 유명한 연설가 짐 론Jim Rohn은 언젠가 이렇게 말했다. "당신은 당신이 가장 많은 시간을 함께 보내는 다섯 사람 중 평균에 속한다." 이 말이 내게도 해당할까? 그렇다면, 나의 인생에서 이 다섯 사람

은 누구일까?

o 어떤 친구와 친척, 동료가 내 인생의 발전적 측면에서
나에게 도움이 될까?

 **한 주의 목표**

나는 더 집중하고 싶은 가장 중요한 주제, 분야와 재능을 메모할 것
이다.

나는 모든 점에서 나를 도와줄 수 있는 내 주변 인물, 전문가나 단체,
기관 또는 조직을 확인하고 조사할 것이다.

# 제41화

## 700년 전의 고통

"우리는 현세에서 제한된 시간 동안만 함께 한다."

어느 사냥꾼은 히말라야산맥의 숲 근처 초라한 오두막에서 아내와 살고 있었습니다. 그는 어느 날 사소한 일로 아내와 다툰 후, 화를 내며 오두막을 떠나 사냥에 나섰습니다.

아직은 겨울이 끝나지 않아서, 짐승들은 대부분 밖에 나오지 않고 있었습니다. 화가 난 사냥꾼은 평소보다 더 깊은 숲속으로 들어가다 보니, 산맥의 가장자리에 도달했습니다. 그는 그곳에서 가젤 한 마리를 잡아 모닥불에 구워 먹었습니다.

그래도 아내에 대한 분노가 가라앉지 않아 그는 사냥을 더 하기로 작정했습니다. 그는 산가젤을 잡으려고 전에는 한 번도 오르지 않았던 더 높은 곳으로 올라갔습니다. 이미 저녁이 되어 주위가 어두워지기 시작했습니다. 이때 그는 울퉁불퉁한 바위들 사이로 넓게 흐르는 개울물에 이르렀

228

습니다. 개울물 한가운데에는 평평한 분지가 있었습니다. 맑은 물속에는 그가 이제까지 보지 못했던 물고기와 거북이가 헤엄치고 있었습니다. 그가 물을 뜨기 위해서 무릎을 굽혔을 때, 그는 분지 위에서 두 명의 작은 요정을 발견했습니다. 그들은 서로 껴안고 입을 맞추고 있었습니다. 하지만 곧 사냥꾼은 그들이 흐느끼며 탄식하는 소리를 들었습니다. 두 요정이 그의 존재를 알아차리자, 그들은 흐느낌을 그치고 그를 바라보았습니다.

"여보세요, 당신들은 도대체 왜 울고 있습니까?" 사냥꾼이 그들에게 물었습니다.

"하룻밤 동안 헤어졌던 그 밤은 다시 돌아오지 않을 겁니다." 여자 요정이 대답했습니다. 남자 요정은 침묵하고 있었습니다.

사냥꾼은 이게 무슨 말인지 어리둥절했습니다.

"헤어지다니요? 어쩌다 그런 일이 일어났단 말인가요?" 사냥꾼이 되물었습니다.

이에 대해 여자 요정이 슬픈 기색으로 대답했습니다. "우리 사이에 있는 이 개울이 보이지요? 장마철에 나는 숲에서 꽃을 따기 위해 이 개울을 건넜지요. 그 꽃으로 내 남편과 나를 위해 화환을 만들었습니다. 하지만 비가 너무 많이 와서 물이 불었고, 나는 개울을 건널 수가 없었어요. 우리 둘은 밤새 물가에 서서 울었습니다. 태양이 떠올랐을 때야 비로소 수위가 낮아졌고, 나는 다시 남편을 만날 수 있었습니다. 우리는 서로 포옹하며 행복해서 웃었고, 헤어진 일로 울었답니다."

"아, 이제 알아듣겠소. 그러나 지금은 장마철이 아닙니다. 그 일은 대체 언제 일어난 겁니까?" 사냥꾼이 다시 물었습니다.

"당신들 인간과는 달리 우리 요정들은 천 년을 살지요. 그러나 당신과 마찬가지로 우리도 삶은 단 한 번뿐입니다. 그러니 누가 사랑하는 사람과 헤어지고 싶겠습니까? 우리가 헤어진 그날 밤은 700년 전이었지요." 여자 요정이 이렇게 말하고는 덧붙여 말했습니다. "우리는 이 고통으로 말미암아 우리가 함께할 수 있다는 것에 더욱 행복을 느낍니다. 그리고 우리는 우리의 사랑이 삶이 끝날 때까지 지속될 것이라는 사실에 감사하고 즐거워합니다."

이 말을 듣자 사냥꾼은 할 말이 없었습니다. 그는 자기 아내를 생각하고 양심의 가책을 느꼈습니다. 그는 잠시 생각에 잠겼습니다. '이 불가사의한 존재들은 700년 전의 하룻밤 때문에 슬퍼하는데, 나는 아내에게 화를 내고 집을 뛰쳐나왔네…. 나는 이 요정들의 모범을 따라야 해.'

사냥꾼은 두 요정과 작별하고 집으로 돌아왔습니다. 그는 아내에게 요정의 이야기를 들려 주고, 다시는 다투지 않겠노라고 약속했습니다. 이때부터 부부는 일심동체가 되어 살았고, 함께 지내는 시간을 어느 때보다 더 감사하게 여겼습니다.

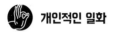 **개인적인 일화**

저와 형이 어렸을 때, 아버지는 뇌졸중을 앓고 한쪽이 마비 되었습니다. 아버지는 걷고 쓰고 말하기 등 모든 것을 새로 배워야만 했습니다. 현재 아버지는 팔순을 넘기셨습니다. 말하기가 점점 더 어려워졌지만, 어떻게든 말을 하려고 무척 애를 쓰십니다. 저는 종종 인내심을 잃고 큰 소리로 아버지가 저를 괴롭히려고 이렇게 한다고 투정을 부렸습니다. 저는 자주 아버지의 별난 행동에 대하여 형에게 불평을 늘어놓았습니다. 그러던 어느 날 형이 저에게 제발 좀 더 아버지에게 친절하게 대하라고 주의를 주었습니다. 우리 가 아버지와 함께 얼마나 더 살게 될지 모르지 않느냐는 것 이었습니다. 다음 날 아침 저는 일찍 일어나서, 아버지에게 아침 식사를 해드렸습니다.

 **되돌아보기**

○ 나의 삶에서 오늘날까지 후회되는 일이 있는가? 그렇다면, 그로부터 무엇을 배웠을까?

○ 과거에 일어난 사건이 나의 현재의 삶에 어떤 영향을 끼칠까?

○ 나의 삶에서 꼭 내 곁에 있어야 하는 사람이 있을까? 특히 내 마음에 와닿는 사람들과 함께 보낸 시간에 나는 감사하고 있을까?

 **한 주의 목표**

---

나는 내 마음에 와닿는 한 사람에게 엽서나 편지를 쓸 것이다.

그 안에 그가 나의 삶에서 얼마나 중요한 역할을 하는지를 표현할 것이다.

아울러 나는 아름다웠던 추억을 함께 회상하거나, 감사의 표시로 식사에 초대할 것이다.

# 제42화

## 코끼리 왕과 왕비

"부정적인 생각은
우리 자신을 먼저 해친다."

히말라야의 샤단타 호수에는 팔천 마리의 신비한 코끼리 떼가 살고 있었습니다. 이 무리의 왕은 나이가 가장 많으면서도 힘이 센 코끼리 샤단타였습니다. 키는 9미터, 길이가 무려 15미터에 이르는 거대한 코끼리였지요. 몸은 전체가 하얀색이었고, 얼굴과 발만 붉은빛이 감돌았습니다. 긴 코는 은으로 만들어진 배의 사슬처럼 튼튼했습니다. 가장 눈에 띄는 것은 여섯 가지 색으로 빛나는 위엄 있는 상아였습니다.

코끼리 왕은 쿨라슈바다('작은 복덩이'라는 뜻)와 마하슈바다('큰 복덩이'라는 뜻)라는 부인과 함께 금으로 된 어느 동굴에서 살고 있었습니다. 근처에 살고 있던 승려들은 코끼리 왕을 신성한 존재로 숭배했습니다.

어느 날 코끼리 왕은 꽃이 핀 사라수沙羅樹의 모습을 즐기기 위해 시종들과 함께 숲속으로 갔습니다. 코끼리 왕은 사라수를 향해 부드럽게 이마를 들이댔습니다. 바람이 불지 않는 쪽에서는 꽃가루와 초록색 나뭇잎들이 특히 마하슈바다에게 빗방울처럼 떨어져 내렸습니다. 반면에 바람이 부는 쪽에서는 몇 개의 나뭇가지와 개미들이 쿨라슈바다에게 떨어졌습니다. '그는 경이로운 꽃가루들은 저 여자에게 떨어지게 하면서, 내게는 메마른 나뭇가지만 떨어뜨리잖아?' 하고 쿨라슈바다는 생각하며 분노했습니다.

다른 날 코끼리 왕은 목욕하러 호수로 갔습니다. 두 젊은 왕비는 긴 코로 향내가 나는 나무뿌리를 잡고, 코끼리 왕의 등을 문질렀습니다. 코끼리 왕은 목욕을 마친 후에 호수 밖으로 나왔고, 그의 두 왕비가 목욕할 차례였습니다. 이윽고 그들도 목욕을 마치고 코끼리 왕의 옆에 섰습니다. 다른 코끼리들이 달려와 존경의 표현으로 왕과 두 왕비를 꽃으로 장식했습니다. 이때 어느 코끼리가 왕에게 일곱 개의 꽃봉오리가 달린 특별히 아름다운 연꽃을 건넸습니다. 왕은 연꽃을 긴 코로 받아서 그 꽃가루를 자기 이마에 뿌리고, 그것을 첫째 부인 마하슈바다에게 주었습니다. 이를 보자 둘째 부인은 불쾌해졌고, 왕에 대한 분노가 더 커졌습니다. '저 여자에게 가장 아름다운 연꽃을 주면서, 나를 지나쳐 버리다니!' 씁쓸한 마음을 그녀는 참기 어려웠습니다.

얼마 후 코끼리 왕은 승려들과의 결속의 표시로 달콤한 과일들을 가져오게 했습니다. 둘째 부인은 과일 몇 개를 승려들에게 내어 주면서 증오로 가득 찬 은밀한 소원을 그들에게 말했습니다. "다음 생에는 인간의 왕비로 다시 태어나고 싶군요. 그러면 사냥꾼을 이곳으로 보내서, 코끼리 왕을 죽이고 그의 상아를 나에게 가져오게 하겠어요."

그녀는 얼마 후 어떠한 음식도 먹지 않다가 죽고 말았습니다. 그런데 정말로 그녀는 마다 왕의 부인인 슈바다라는 인간으로 환생했습니다. 슈바다는 전생과 당시에 품었던 소원을 기억해냈습니다. 그녀는 이마에 기름을 바르고 침대에 누워서 꾀병을 부렸습니다. 이렇게 해서 그녀는 왕을 불러오게 했습니다.

마다 왕이 근심에 차서 급히 달려와 물었습니다. "왕비, 당신 이마에 땀이 많이 흐르는구려. 몸이 나아지려면 내가 뭘 해야 하겠소?" 그러자 왕비가 대답했습니다. "전하, 제겐 어떤 꿈이 있었는데, 그것 하나만이 저를 도울 수가 있답니다."

왕은 왕비에게 그것을 얻을 수 있도록 뭐든지 하겠다고 다짐했습니다. 이에 그녀는 코끼리 왕의 상아만이 자신을 치료할 수 있다고 왕에게 설명했습니다. 즉시 왕은 그 나라에서 최고의 사냥꾼들을 궁전으로 불러들였습니다. 수천 명의 사냥꾼 중에서 왕비는 소눗타라라는 사냥꾼을 선발했습니다. 그는 다른 누구보다 특출난 사냥꾼으로, 덥수룩

한 수염에 붉은 이빨을 가진 사내였습니다. 그의 팔과 얼굴은 무서운 흉터로 온통 뒤덮여 있었습니다. 왕비는 그가 코끼리 왕을 죽일 수 있는 적임자라고 확신했습니다. 그녀는 사냥꾼 소눗타라와 그의 부하들에게 넉넉한 식량과 무기, 말들을 제공했습니다.

"이제 말을 타고 달려가 내게 코끼리 왕의 찬란하게 빛나는 상아를 가져오시오. 그러면 그대가 다스릴 수 있는 다섯 마을을 상으로 주겠소." 왕비가 사냥꾼에게 말했습니다.

사냥꾼 소눗타라는 7년 7개월 7일 후에 마침내 코끼리의 천국 같은 거주지에 도착했습니다. 하지만 높은 산맥의 일곱 봉우리를 넘어오는 동안 그는 부하들을 모두 잃었습니다. 부하들은 너무 열악한 상황에 직면하여 스스로 포기하여 돌아갔거나 죽었습니다. 사냥꾼이 마지막 봉우리에서 내려왔을 때, 그는 코끼리 수천 마리 중에서 왕을 바로 알아보았습니다. 그래서 그는 엎드려 숨어서 밤이 올 때까지 동정을 살폈습니다. 그런 다음 그는 코끼리 왕이 목욕 후에 갔던 자리에 거대한 구덩이를 팠습니다. 그는 구덩이를 나뭇잎으로 덮고, 그 위에 모래를 뿌렸습니다. 그 자신도 승려로 위장하고, 노란 승려복으로 갈아입었습니다. 사냥꾼은 활과 독화살로 무장하고, 톱을 손에 든 채 구덩이로 올라가 다음 날 아침까지 기다렸습니다.

정말 코끼리 왕은 호수에서 목욕을 마친 후, 항상 가던 자리로 가더니 함정에 빠졌습니다. 사냥꾼은 거대한 짐승에게 독화살을 쏘았습니다. 코끼리 왕은 고통으로 울부짖더니, 사냥꾼을 짓밟으려고 달려들었습니다. 하지만 이 순간 코끼리 왕은 노란 승복을 알아보고 행동을 멈췄습니다.

"죄가 없고 덕을 아는 자만이 노란 승복을 입을 자격이 있다. 친구여, 그대는 왜 내게 활을 쏘았는가? 누가 그대를 보냈는가?" 코끼리가 사냥꾼에게 말했습니다.

"나는 슈바다 왕비의 청탁으로 여기 왔소. 당신을 죽이고 당신의 상아를 가져오라고 나는 명령을 받았소." 사냥꾼이 이렇게 대답했습니다.

그러자 코끼리 왕은 자신에게 앙심을 품었던 그의 환생한 부인 쿨라슈바다의 짓이라는 것을 금방 깨달았습니다.

코끼리 왕은 고통을 참으며 말했습니다. "그렇다면 톱을 가져와서 나의 상아를 자르게. 그것을 왕비에게 가져가고, 내가 죽었다고 보고하게."

이윽고 거대한 코끼리가 엎어지며 다리를 축 늘어뜨려서, 사냥꾼은 코끼리의 몸 위에 올라갈 수 있었습니다. 그가 톱질을 시작하자, 곧 피가 솟구쳐 올라왔습니다. 코끼리는 엄청난 고통을 참으면서 점차 의식을 잃고 있었습니다. 그러나 사냥꾼이 아무리 애를 써도 상아를 잘라낼 힘이 부족했습니다. 이때 죽어가는 코끼리가 긴 코로 톱을 휘감더니, 최후의 힘을 다해 자신의 아름다운 상아를 스스로 잘랐습니다.

코끼리는 힘없이 말했습니다. "내 스스로 그대에게 상아를 주겠다만, 그대를 미워하지 않겠네. 부디 깨달음에 이르기를 바란다네. 그래, 그대는 여기까지 오는 데 시간이 얼마나 걸렸는가?"

"7년 7개월 7일이 걸렸소." 사냥꾼이 대답했습니다.

"그러면 이제 돌아가게. 내 상아의 초자연적인 힘으로 돌아갈 때 그렇게 많은 시간이 걸리지 않을 것이네."

코끼리 왕은 최후로 이 말을 하고는 죽었습니다. 코끼리의 무리가 코끼리 왕을 구덩이에서 끌어올리고, 승려들과 함께 이 성스러운 존재를 추모했습니다.

7일 후에 사냥꾼은 상아를 가지고 왕궁에 도착했습니다. 그는 왕비에게 아뢰었습니다. "왕비께서 그렇게 증오하는 하얀 코끼리는 죽었습니다. 그는 독화살에 맞아서 죽었습니다. 여기 그의 상아를 바치겠습니다."

왕비는 다채롭게 빛나는 상아를 받으면서 전생에서의 남편을 떠올리며 잠시 생각에 잠겼습니다.

"코끼리 아내로서의 전생을 넘어서서, 나는 또 다른 7년 동안 나의 증오심을 키웠지. 이제 성스러운 코끼리 왕이 나의 명령에 따라 죽었고, 그의 찬란한 상아마저 잘렸구나."
이때 큰 슬픔과 고통이 밀려오면서 그녀도 돌연 죽고 말았
습니다.

## 개인적인 일화

과거 소수자에 대한 정치적 견해와 태도에 대해 친구와 논쟁을 벌인 적이 있었습니다. 그는 저에게서 공격받았다고 느끼고, 그 이후로는 저와의 교류를 완전히 끊었습니다. 몇 년 후에 우리는 우연히 다시 만났습니다. 저는 기쁜 마음으로 그와 산책하기로 약속했습니다. 하지만 그는 우리의 오랜 다툼을 잊지 않고, 아주 사소한 일까지 따지려고 했습니다. 반면에 저는 당시의 상황을 거의 기억할 수 없었습니다. 오랫동안 부글거리던 것이 이제는 분노가 되었습니다. 저의 세계관에 대한 그의 불쾌함과 짜증은 지난 몇 년 동안 그에게서 누적되었다가, 이제 출구를 찾은 것입니다. 저는 그렇게 부정적인 힘이 그에게 잠재되어 있으리라곤 미처 생각하지 못했습니다. 저는 그와 재회한 것을 후회했습니다. 그래서 이번에 다시 절교를 선언한 것은 저였습니다. 그 이후로 우리는 다시는 만난 일이 없습니다.

 **되돌아보기**

○ 나는 전에 오늘날까지도 화가 나는 어떤 일을 체험한 적이 있을까? 나는 어떤 인물 또는 어떤 사건에 지금까지도 그렇게 화를 내는 것일까?

○ 화나 원망, 분노는 일반적으로 내 몸에 어떤 영향을 미칠까?

○ 내가 화를 내거나 분노하는 근본적인 이유는 무엇일까?

 **한 주의 목표**

---

나는 나를 화나게 하거나 분노하게 한 사건을 5분 동안 적어 볼 것이다.

이때 정교한 문장은 중요하지 않다. 그보다는 나에게 떠오르는 그때 그때의 생각, 충동을 가감 없이 적을 것이다.

시간이 지나가면 아마 나는 그런 과정을 한두 번 더 반복할 것이다. 대안적으로 휴대전화에 오디오 파일을 녹음할 수도 있다.

그런 다음 내가 다른 느낌인지 또는 더 나아졌는지를 살펴볼 것이다.

# 제43화

# 염소와 표범

"신중함과 이성도
몇 사람의 사악함을 이기지 못한다."

어느 목동은 그의 염소들을 부드러운 풀이 자라는 계곡으로 몰고 갔습니다. 하지만 그곳은 좁은 능선을 넘어가야 도달할 수 있었어요. 염소들이 충분히 풀을 먹은 후, 목동은 염소들을 몰아 돌아왔습니다.

그러나 염소 한 마리가 너무 느려서 무리에서 이탈해 버렸습니다. 이것을 저 위 산꼭대기 바위 뒤에 숨어 있던 표범이 목격했습니다. 목동과 염소 떼가 멀리 사라지자, 표범은 염소에게 다가가기 시작했습니다. 표범은 단번에 좁은 산길로 뛰어 내려와, 염소의 앞을 가로막았습니다. 위험에 직면한 염소는 머리를 굴렸습니다. '이런, 이것이 나의 마지막인가 보다. 어떻게 해야 하지? 우리가 서로 친척이나 되듯이 살갑게 굴어도 아무 소용이 없겠지?'

표범의 마음을 돌리고 목숨을 구하기 위하여 염소는 표범에게 몇 발짝 다가서며 말했습니다. "삼촌, 잘 지내셨지요? 어머니께서 안부 전하라고 하시더군요."

하지만 표범은 염소를 빤히 바라보더니 냉정하게 대답했습니다. "염소야, 나를 삼촌이라고 부른다고 네가 무사하진 않아. 내 꼬리를 밟았으니, 후회하게 만들어 주마!"

"저는 삼촌 앞에서 다가왔는데, 어떻게 꼬리를 밟았다고 하시죠?" 염소는 조심스럽게 말했습니다. 하지만 표범은 염소의 말을 모두 무시하고 단지 이렇게 대꾸하는 것이었습니다. "나와 내 꼬리는 어디에나 있지."

그러자 염소는 아무리 표범에게 애걸복걸해야 희망이 없음을 알아차렸습니다.

염소는 부드러운 어조를 적대적인 어조로 바꾸며, 이번에는 오히려 비웃었습니다. "당신 꼬리가 어디에나 있다면, 저는 공중을 날아다녀요." 하지만 표범은 한층 더 사납게 말했습니다. "아무렴, 그렇고말고. 네가 날아다니는 바람에, 내가 본래 잡아먹으려던 다른 동물이 도망쳐버렸지." 살갑게 굴어도 안 되고, 적대감을 보여도 아무 소용이 없었습니다. 이제 염소는 절망감에 사로잡혔습니다. 염소는 최후로 표범에게 간청했습니다. "제발 저를 불쌍히 여겨 살려 주세요!" 그러나 표범에게는 그 어떤 말도 통하지 않았습니다. 표범은 염소에게 달려들어 목을 물어뜯고, 염소를 잡아먹었습니다.

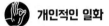 **개인적인 일화**

형은 몇 년 동안 자동차 정비소에서 일해 왔습니다. 그곳은 그가 자동차 정비사로 교육받은 5인 규모의 작은 회사입니다. 그러나 제가 형에게 직장 일이 어떤지 물어볼 때마다, 그는 점점 더 불만족스러운 태도를 보였습니다. 그는 불공정한 임금, 게으른 동료, 열악한 근무 분위기 및 성가신 고객에 대해 불평했습니다.

제가 볼 때 이러한 외부 요인을 형 스스로 어떻게 할 수 없으므로, 저는 형에게 먼저 일하는 자세를 고치고 가능한 한 자기 일에 충실하면서 한 걸음 더 정진하라고 충고했습니다. 형은 동의했습니다. 그 후 몇 주 동안 형은 소매를 걷어붙이고 모든 불쾌한 일도 묵묵히 떠맡았고, 마감 시간이 지난 후에도 미소로 고객에게 서비스를 제공했습니다. 그러자 어느 날 사장이 형을 불러서 "자네는 최근에 일을 너무 잘하고 있고, 고객들도 자네 칭찬이 자자하다네"라고 말했다고 합니다. 그 결과 사장은 형의 월급을 올려 주었고, 이에 형은 완전히 감격했습니다.

 **되돌아보기**

ㅇ 어떤 주제를 나는 일반적으로 피하는 편일까? 현재 피

하고 싶은 문제가 있을까?

o 내가 계속 몰두하거나 관심을 가져야 하는 특정한 문제 또는 주제가 있을까?

o 나는 주어진 문제들에 대해 어떤 대처 전략을 마련하고 있을까?

 **한 주의 목표**

이번 주에는 내 주변 사람들에게 내가 어떤 일에 가장 불만이 많은지 또는 어떤 것을 가장 자주 부정적으로 말하는지 물어볼 것이다. 나는 모든 것을 글로 정리할 것이다. 그리고 어떤 점 때문에 내 태도를 바꿔야만 하는지, 또는 상황을 긍정적으로 바꾸려면 내가 어떻게 해야 하는지를 숙고할 것이다.

# 제44화

## 악의에 찬 코끼리

"상대방을 과소평가하지 말고,
자신도 과소평가하지 마라."

어느 날 코끼리 왕이 새로운 정착지를 찾기 위해 그의 무리를 데리고 히말라야산맥으로 들어갔습니다. 그들이 어디를 가든 발밑의 땅이 크게 흔들렸습니다. 얼마나 진동이 큰지 둥지에 있는 메추라기 한 마리가 갓 부화한 새끼들과 함께 나무에서 떨어질 정도였습니다.

메추라기는 코끼리 떼가 점점 더 가까이 몰려와 새끼들을 밟을 것 같자, 존경의 표시로 날개를 포개고 선두에서 다가오는 코끼리 왕에게 외쳤습니다. "위대한 코끼리 왕이시여, 저는 당신을 존경합니다. 저의 둥지가 나무에서 떨어져 길 한가운데 있습니다. 부디 제 새끼들의 생명을 귀하게 여기소서!"

코끼리 왕은 멈춰서서 메추라기와 그 새끼들을 쳐다보고 말했습니다. "메추라기야, 걱정하지 말거라. 너의 새끼들을 보호하겠노라." 코끼리 왕은 이렇게 약속하고 옆으로 비켜섰습니다. 그리고 거대한 코끼리 무리가 지나갈 때까지 기다렸다가, 메추라기와 친절하게 작별 인사를 했습니다.

잠시 후에 낙오된 코끼리 한 마리가 발을 쿵쿵 구르며 땅에 떨어진 메추라기와 둥지를 향해 다가왔습니다.

메추라기는 다시 두려움에 사로잡혀 이번에도 존경의 표시로 날개를 포개고 외쳤습니다. "친애하는 코끼리여, 나는 당신을 존경합니다. 부디 옆으로 지나가시고, 제 새끼들을 밟지 말아 주십시오."

젊은 코끼리는 도도하게 웃으며 말했습니다. "내가 왜 너희들을 신경 써야 하지? 너희들은 작고 약한 존재야. 하지만 나는 이렇게 크고 강한 존재지. 내가 마음만 먹으면, 너희 같은 것들 수천 마리쯤은 이 왼쪽 발로 짓밟을 수도 있어."

그러더니 코끼리는 순전히 악의로 둥지를 짓밟고, 메추라기 새끼들을 죽였습니다. 그런 다음 메추라기를 향해 소변을 보아 메추라기를 멀리 날려 보냈습니다.

마지막 순간에 나무 위로 날아간 메추라기는 경악했습니다. 메추라기는 울부짖으며 젊은 코끼리에게 복수를 맹세했습니다. 한편 젊은 코끼리는 긴 코로 흥얼거리며 그곳을 떠났습니다.

다음 날 메추라기는 친구들을 찾아갔지요. 그러고는 까마귀와 모기, 개구리에게 무슨 일이 일어났는지 이야기했습니다. 그들 모두가 메추라기의 복수를 도와주기로 약속했습니다.

까마귀는 제일 먼저 약속을 실행에 옮겼습니다. 까마귀는 코끼리 무리로 날아가, 서둘러 범죄를 일으킨 코끼리를 찾아냈습니다. 그 젊은 코끼리가 무슨 일이 벌어지는지 알아차리기도 전에, 까마귀는 그에게 달려들어 눈을 쪼았습니다. 코끼리는 고통에 비명을 지르며 이리저리 날뛰었습니다. 그러나 주위의 코끼리들은 도울 수가 없었습니다. 그 못된 코끼리는 지쳐서 어딘가에 누워 잠이 들었습니다.

밤이 되자 모기가 그를 찾아내, 빈 눈구멍에 알을 낳았습니다. 애벌레가 알에서 부화하여 코끼리의 살을 갉아 먹기 시작했을 때, 코끼리는 고통을 참을 수가 없어서 다시 비명을 질렀습니다. 코끼리는 고통을 달래기 위해 가장 가까운 물웅덩이로 달려가고 싶었습니다. 그러나 눈이 멀었기 때문에, 도대체 어느 방향으로 가야 할지 알지 못했습니다.

복수의 대상이 된 이 코끼리는 길을 잃고 헤매다가, 개구리의 울음소리를 들었습니다. 개구리는 메추라기의 부탁으로 산꼭대기에 앉아서 기다리다가, 그의 앞에서 울었던 것입니다. 코끼리는 생각했습니다. '개구리가 우는 곳에는 아마 물이 있을 거야.' 그래서 개구리의 울음을 쫓아가다가 절벽으로 다가갔습니다. 개구리는 절벽 끝으로 내려가 전보다 더 크게 울었습니다. 코끼리는 그 방향으로 한 발짝 더 걸어갔지만, 이미 허공을 밟고는 깊은 골짜기로 떨어졌습니다. 메추라기는 근처 나무 위에 앉아서 모든 과정을 보고 있었습니다. 이렇게 복수는 이루어졌습니다.

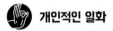 

제 학생 기숙사 공동욕실에서 털이 수북한 거미가 쓰레기통 뒤에서 기어 나왔습니다. 저는 얼핏 겁에 질려 옆으로 껑충 뛰다가, 세탁기에 발가락이 부딪쳐 피가 났습니다. 고통스럽고 화도 나서 이 작은 괴물이 제가 방심한 순간에 저를 공격하려고 거기 숨어 있었다고 생각했습니다. 처음에 기회를 보아 슬리퍼로 거미를 내리치려고 했습니다.

하지만 곧 생각을 고쳤습니다. 여러 차례 시도한 끝에 저는 결국 빈 유리병으로 거미를 생포했습니다. 처음에 생겼던 분노는 점차 가라앉고 생명에 대한 소중함을 깨달아, 병 속의 거미를 숲으로 데려갔습니다. 제가 거미를 풀어 주고 거미를 위해 몇 가지 소망을 빌었을 때, 거미는 더 이상 괴물처럼 보이지 않았습니다. 오히려 거미는 연약하고 보호할 가치가 있는 자연의 기적처럼 보였습니다. 거미는 이끼로 덮인 나무뿌리 아래로 기어가 사라졌습니다.

 **되돌아보기**

○ 나는 어떤 면에서 다른 사람에 비해 특권을 누리고 있을까? 특권이 있다는 것을 나는 어떻게 느끼고 있을까? 나의 개인적 또는 직업적 환경에서 어느 정도로 권

력의 불균형이 있을까?

○ 동등한 입장에서 다른 사람들과 의사소통하는 것이 나
에게 얼마나 중요할까?

○ 나는 분노를 느껴서 나쁜 행동이나 보복을 하려고 한
적이 있었을까?

 **한 주의 목표**

이번 주에 나는 어떤 특정한 인물에 대한 분노의 감정과 복수심이
어떤 것인지 알아보고자 한다.

나는 뜨거운 석탄을 손으로 집어서 그 인물에게 던지는 것을 상상해
볼 것이다. 화상을 입은 손을 상상함으로써, 나는 다른 사람들이 잘
못되기를 바라면 나 자신만 해친다는 사실을 명심할 것이다.

나는 나 자신에게 "나쁜 것을 생각하지 말고 좋은 것을 선사하자"
라고 말하고, 이에 상응하여 상대가 뭔가 좋은 일이 있기를 바랄 것
이다.

# 제45화

# 당근과 채찍

"누군가에게 관심이 있다면,
그를 항상 친절하고 기품 있게 대하라."

어느 뱀을 부리는 마술사는 나무에서 망고를 따도록 원숭이를 길들였습니다. 그런데 도시에서 축제가 열렸을 때, 그는 곡물 상인인 이웃에게 원숭이를 잠시 봐달라고 부탁했지요. 자신은 뱀을 가지고 돈을 벌기 위하여 도시로 갔습니다. 그동안 곡물 상인은 원숭이를 잘 돌보려고 신경을 썼습니다.

일주일 후에 마술사가 술에 취한 채 지친 모습으로 돌아왔습니다. 그는 원숭이를 돌려받고는 인근 공원을 이리저리 산책했습니다. 그가 원숭이를 망고나무에 밧줄로 묶으려고 했을 때, 원숭이가 저항하면서 팔을 버둥거렸습니다. 원숭이는 주인에게 이런 취급을 취급받는 것에 익숙하지 않았습니다. 주인이 화를 내며 나무줄기로 몇 차례 원숭이를 때리고 난 후에야, 원숭이는 조용해졌습니다. 뱀을 부리는 마술사는 원숭이를 나무에 잡아맨 후에, 공원 벤치에 누워 잠이 들었습니다. 그가 술에 취해 잠을 자는 동안, 원숭이는 밧줄의 매듭을 풀고 나무 위로 기어 올라갔습니다.

다음 날 아침 마술사는 땅바닥에 풀어진 밧줄을 보고는 깜짝 놀랐습니다. 그가 나무 위를 쳐다보자, 원숭이는 망고를 먹고 있었습니다.

그는 원숭이를 다시 붙잡기 위해 소리쳤습니다. "원숭이야, 어제 일은 미안하구나. 내가 어제 노름을 하다가 돈을 몽땅 잃어 내 마음이 좋지 않았다. 이제는 마음을 추스르고, 너를 다시는 때리지 않으마. 자, 이제 아래로 내려오지 않으련?"

하지만 원숭이는 고개를 저었습니다. "내려가지 않겠어요. 당신은 나를 학대했어요. 당신이 나를 앞으로 극진히 대할지라도, 믿을 수가 없어요. 나는 이제 당신이 너무 무서워요."

이 말을 하고 원숭이는 더 높은 곳으로 올라가 사라져 버렸습니다.

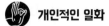 **개인적인 일화**

직장에서 스트레스를 받고, 자동차 사고를 내고, 지갑을 잃어버리고, 열쇠를 잘못 놓고 오고, 때로는 불운한 일이 이처럼 한꺼번에 일어납니다. 그런데 집에서도 아내가 듣기 싫은 잔소리를 하자 결국 폭발하고 말았습니다. 저의 말과 행동이 상대방에게 얼마나 큰 상처를 주는지 오랫동안 저는 알지 못했습니다. 저는 종종 가장 가까운 사람들을 감정 쓰레기통으로 사용하여 좌절감을 표출했습니다. 저의 감정에 대해 저 자신이 책임이 있다는 사실을 이해하는 것은 제게는 아주 소중한 깨달음이었습니다. 명상은 제가 끊임없이 외부 영향에 좌우되지 않도록 도와주었습니다.

 **되돌아보기**

○ 나는 어떤 순간에 내 가까이 있는 사람들에게 부당하게 대했을까?

○ 친절, 진심, 호의는 내가 매일 만나고 나 스스로 항상 추구하는 일들에 속할까?

○ 이 긍정적인 감각/태도를 앞으로 더 개발하기 위해서

나는 무슨 일을 해야 할까?

 **한 주의 목표**

---

나는 이번 주에 친절한 태도를 실행에 옮길 것이다.

나는 매일 누구에게나 친절과 호의를 베풀려고 최대한 노력할 것
이다.

매일 거리에서 적어도 한 사람에게 적극적으로 미소를 지을 것이다.

# 제46화

## 감사할 줄 아는 왕

"다른 사람을 성급하게 판단하지 마라."

옛날에 어느 왕이 그의 군대를 이끌고 이웃 나라와 전쟁에 나섰습니다. 하지만 적군이 너무 강해서 왕은 후퇴를 명령했습니다. 왕은 부하들과 헤어져 홀로 코끼리 등에 앉아 숲속으로 도피했습니다. 그곳에서 그는 오두막을 발견했습니다.

왕은 기진맥진한 채 코끼리 등에서 내려와, 오두막 근처에서 마실 물을 찾으려고 했습니다. 오두막 뒤에서 그는 우물을 발견했으나, 물을 길어 올릴 두레박과 밧줄이 없었습니다. 그래서 아이디어를 짜낼 수밖에 없었습니다. 그는 코끼리를 직접 우물가에 데려와 고삐를 풀었습니다. 고삐의 한쪽 끝을 왕은 코끼리의 앞발에, 다른 한쪽 끝은 자기 허리에 묶었습니다. 그런 다음 스스로 우물 속으로 들어갔습니다. 하지만 고삐가 너무 짧아서 물이 있는 곳까지 갈 수가 없었습니다. 그는 다시 위로 기어 올라와 상의를 벗고, 그 옷을 고삐에 길게 매었습니다. 이어서 그는 또 한 번 시도하며 다시 우물 속으로 기어 내려갔습니다. 그러나 아직도 물을 길을 수가 없었습니다. 그는 발끝으로 시원한 물을 적실 수 있을 뿐이었지요. 그러는 동안 냉정하게 생각할 겨를이 없을 만큼 갈증이 너무 심해졌습니다.

그래서 그는 중얼거렸습니다. "이젠 별수 없이 물속으로 들어가야겠다. 갈증이 좀 진정되면, 물에서 다시 빠져나올 궁리를 해야지."

왕이 물을 실컷 마시자, 눈앞이 캄캄해졌습니다. 그는 즉흥적으로 만든 줄을 잡으려고 몸을 세우고 팔다리를 펴보았지만, 그것을 잡을 수가 없었습니다. 이번에 그는 다시 벽을 기어오르려고 했지만, 매끄러운 돌에서 계속 미끄러졌습니다. 우물에서 빠져나오려고 온갖 노력을 해보아도 허사였습니다. 시간은 흘러가고 점차 어두워지기 시작했습니다. 왕은 추워서 온몸을 떨었습니다. 너무 오랫동안 도와달라고 외치다 보니, 목이 잠겨 말이 나오지 않을 지경이었습니다.

이때 오두막의 주인이 돌아왔습니다. 그는 마일로라는 이름의 승려였습니다. 그는 숲에서 나무뿌리와 산딸기를 구하려고 오두막을 떠났었습니다. 돌아와서 그는 코끼리를 보고 이상하게 생각하여, 우물가에 가보았습니다. 이때 무슨 일이 일어났는지 우물 속에서 그를 부르는 소리가 들려 왔습니다.

"걱정하지 마십시오, 전하, 제가 우물에서 빠져나오도록 돕겠습니다"라고 승려가 대답했습니다.

그는 급히 그 자리를 떠났다가 사다리를 가지고 돌아왔 습니다. 그는 왕을 곤란한 처지에서 구한 후 그의 오두막으 로 데려와, 따뜻한 옷을 마련해 주고 음식을 대접했습니다.

이틀이 지나자 왕은 건강한 상태를 회복했습니다. 왕은 떠나기 전에 승려에게 가능한 한 빨리 궁전으로 자신을 찾 아오라고 신신당부했습니다.

마일로는 이를 받아들여 두 달 후에 왕이 사는 도시로 떠 났습니다. 왕은 창밖에서 그가 오는 것을 보고는, 그의 부 하들에게 얼른 그를 데려오라고 시켰습니다. 왕은 알현실 에서 친근하게 손님을 맞이하고, 그에게 최고의 음식을 대 접했습니다. 그 밖에도 왕은 왕실 공원에 그를 위한 거처를 마련해 주었습니다. 마지막으로 그는 왕의 명령에 따라 수 많은 상도 받았습니다.

대신들은 왜 낯선 승려가 이토록 왕에게 극진한 대접을 받는지 이해할 수 없어서 놀랍다는 반응을 보였습니다. 왕 은 재회의 기쁨에 흠뻑 젖어서, 왜 자신이 그에게 이토록 감사를 표하는지 신하들에게 설명하는 것을 깜빡 잊었던 것입니다. 대신들은 승려에 대한 왕의 처사를 의혹과 질투

심으로 바라보다가, 왕자에게 이 문제와 관련하여 부왕에게 진언할 것을 촉구했습니다.

"아바마마, 왜 그렇게 그 승려를 극진히 대접하시는지요? 그는 우리 가족도 아니고, 제가 아는 한 아바마마의 오랜 친구도 아니지 않습니까?" 왕자가 이렇게 왕에게 따져 물었습니다.

그러자 왕이 해명했습니다. "왕자야, 너는 지난번 전투와 내가 적에게 패한 일을 기억하느냐? 나는 군대와 헤어져 숲속으로 도피해야만 했다. 그때 나는 갈증을 해소하려고 우물에 들어갔다가 갇혀서, 혼자서는 우물 밖으로 나올 수가 없었다. 그때 승려 마일로가 나의 생명을 구해 주었느니라. 내가 그에게 왕국을 전부 넘겨준다 해도, 나는 그의 고마운 행동에 제대로 보상하지 못할 것이다. 그러므로 모두가 그에게 존경과 경의를 표해야 한다."

이 사실이 왕궁에 널리 퍼지자, 대신들은 더 이상 승려에 대한 특별 대우에 문제를 제기하지 않았습니다.

## 개인적인 일화

동남아시아를 여행하는 동안 저는 말레이시아의 피낭섬을 방문했습니다. 저는 긴 버스 여행의 여파로 몸이 아프고 피곤했지요. 제가 숙소를 찾고 있었을 때, 인도 출신처럼 보이는 한 남자가 카페에서 저에게 아는 체했습니다. 저는 그가 단지 제게 호객행위를 하려고 한다고 믿고는, 무뚝뚝하게 그를 무시했습니다. 며칠 후 저는 거리에서 그를 다시 만났고, 그는 독일 남부 지역의 짙은 방언으로 제게 말을 걸었습니다. 바이에른 출신인 그는 알고 보니 재치 있고 대단히 매력 있는 친구였습니다. 우리는 며칠 동안이나 함께 멋진 시간을 보냈습니다.

## 되돌아보기

○ 나는 전에 정말로 사람을 잘못 본 적이 있었을까?

○ 나는 다른 사람에 대해 성급한 판단을 내리는 편일까? 아니면 상대방을 더 잘 알기 위해 충분한 시간을 갖을까?

○ 다른 사람이 나를 어떻게 생각하는지가 내게 중요할까?

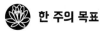 **한 주의 목표**

내가 어떤 일을 논평하거나 평가하려는 충동을 느낄 때, 나는 잠시 멈추고 그 내용을 이해하려고 노력할 것이다.

나는 가치 중립적인 자세를 견지하면서 나의 성급하고 부정적 판단이나 관점이 바뀌는지 살펴볼 것이다.

나는 앞으로 모든 상황이나 인물을 좀 더 공감과 연민의 태도로 지켜볼 것이다.

# 제47화

## 무언의 소망

"사람은 누구나 욕구가 있다.
이 욕구에 대해 늘 적절히 소통하고 살아가면,
갈등과 오해를 피할 수 있다."

어느 승려가 산기슭에서 홀로 소박한 은둔 생활을 하고 있었습니다. 그는 몸에 걸친 옷과 신발, 햇빛을 막아 줄 양산 외에는 가진 것이 없었습니다. 자연은 그에게 필요한 모든 것을 제공했습니다. 하지만 장마철이 찾아오면 그는 산에서 지내기가 너무 힘들었지요. 그래서 그는 매년 인근 도시로 가서 장마철을 넘겼습니다. 그는 한 달 동안 왕실 공원에서 노숙하며 탁발하러 다녔고, 장마철이 지나면 그는 산으로 돌아갔습니다.

그때마다 왕은 매일 공원에 산책하러 나왔습니다. 그러다가 왕은 그 승려와 친해졌고, 매년 장마철이 올 때쯤에는 공원 입구에서 그를 기다렸습니다. 두 사람은 서로 좋은 대화를 나누었습니다. 왕은 한 달 동안 승려에게 식사와 음료를 제공했고, 그들은 수년간 이렇게 친구처럼 지냈습니다.

승려가 다시 공원에 머물다가 산으로 돌아가려고 하던 어느 날, 그의 신발과 양산이 못쓰게 되었습니다. 신발은 발이 드러날 정도로 닳았고, 양산은 구멍이 숭숭 뚫려 있었습니다.

이때 왕이 나타나 승려에게 물었습니다. "이보시게, 산으로 돌아갈 때 뭔가 필요한 건 없는가?"

승려는 잠시 침묵하다가 대답했습니다. "전하, 제게 필요한 것은 그저 은둔입니다."

이 대답을 듣고 왕은 놀랐지만, 그의 말을 존중하고 물러났습니다. 다음 날 왕은 그에게 다시 똑같은 질문을 했지만, 승려는 감히 새 신발과 새 양산을 요구하지 않았습니다. 그는 이번에도 은둔하기를 원한다고 말했습니다.

이렇게 몇 주가 지나고 또 몇 달이 흘렀습니다. 왕은 왜 친구가 산으로 돌아가지 않았는지 알 수가 없었습니다. 승려의 과묵함에 짜증이 난 왕은 점점 더 그를 찾는 일이 드물어졌습니다.

무려 12년이 이렇게 흘러갔습니다. 어느 날 왕이 다시 공원을 거닐고 있었을 때, 그는 승려를 보고 이렇게 생각했습니다. "12년 동안 저 친구는 나와 대화를 거의 나누지 않았지. 12년 동안 산으로 돌아가지도 않고 있어. 그러나 그가 무슨 일에 몰두하는지, 아니면 필요한 것은 무엇인지 내게 말을 하지 않아. 어쩌면 그는 불만을 참으면서 살든가, 아니면 나를 원망하는 것인지도 몰라. 나도 이제 마지막으로 시도해 보고, 그가 진정으로 원하는 것이 있으면, 뭐든 줘야겠어. 그것이 왕좌라 할지라도."

뚜렷한 목표를 정하고 왕은 승려에게 다가가 인사를 하고는, 물었습니다. "이보게, 내게 마지막으로 말해 주게. 자네 필요한 게 무엇인가?"

그러자 승려의 대답은 전과 같았습니다. "전하, 저는 그저 은둔하고 싶습니다."

그러나 이번에는 왕이 그냥 물러서지 않았습니다. "이보게, 내 말을 거절하지 말게. 자네는 12년 동안 줄곧 은둔 외에는 필요한 게 없다고 말하고 있네. 그게 맞는가? 꺼리지 말고 솔직하게 말해 주게. 나는 자네에게 무엇이든 줄 생각일세. 나의 왕국이 필요한가? 그것도 자네에게 넘겨줄 수 있다네. 그러니 제발 말해 주게!"

그러자 승려는 침을 꿀꺽 삼키고 말했습니다. "정말 제가 원하는 건 뭐든지 주시겠습니까?"

"아무렴, 당연히 그렇게 하겠네"라고 왕이 약속했습니다. 승려는 이에 대해 "새 신발 한 켤레와 새 양산 하나를 제게 주실 수 있으십니까?"라고 마침내 속내를 털어놓았습니다.

"그게 정말인가? 자네는 그 많은 세월 동안 내게 그 말을 하지 못했단 말인가?" 왕은 이해할 수가 없어서 이렇게 물었습니다.

승려는 다음과 같이 설명했습니다. "전하, 누군가 청이 있어서 말했는데 충족되지 않으면, 그것은 청한 자의 측에 고통이 되지요. 반면에 그 청을 받은 사람이 그걸 들어주지 못하면, 그것은 청을 받은 측에게 또한 고통이 됩니다. 저는 우리 둘 중 누구에게도 상처를 주고 싶지 않았기에 은둔을 선택한 것입니다."

왕은 승려의 말을 듣고는 존경심에 사로잡혔습니다. "자네 역시 수천 마리의 방목하는 암소와 황소 한 마리 정도는 갖고 싶지 않은가?" 왕이 다시 물었습니다.

"전하, 저는 정말로 필요한 것 이상을 바라지 않았습니다. 제가 청한 것이면 충분합니다." 승려가 대답했습니다.

다음 날 왕은 승려에게 새 신발과 새로운 양산을 장만해 주었습니다. 승려는 산으로 돌아가기 전에 왕에게 권고의 말을 남겼습니다. "전하, 삶을 유용하고 겸허하게 살아가시길 바랍니다."

## 개인적인 일화

저는 오랜만에 친구들을 만나 여기저기 돌아다녔습니다. 우리는 즐겁게 시간을 보내며 선술집을 전전했습니다. 저녁 늦게 귀가했을 때, 제 처는 이미 한바탕 잔소리할 태세로 저를 기다리고 있었습니다. 그 당시 우리 둘 사이는 불안한 상태였습니다. 우리는 자주 다투었고, 서로의 욕구를 적절히 소통하며 살 수 없었습니다. 저는 갇혀 있는 느낌이었고, 더 많은 자유와 자율을 원했습니다. 반면에 그녀는 친밀감과 위안을 원했습니다. 저 자신이 불편을 느끼는 한, 상대방의 욕구를 적절하게 돌볼 수 없습니다. 그렇다면 우리는 자신의 욕구를 먼저 돌보고, 이에 대해 서로 소통할 필요가 있습니다.

##  되돌아보기

o 나는 지금 어떤 느낌이며, 그 기저에는 어떤 욕구가 숨어 있을까?

o 나는 나의 욕구를 의식하고 있을까? 충족되거나 충족되지 않은 내 욕구의 비율을 나는 어떻게 평가하고 있을까?

○ 나는 내 욕구를 다른 사람들에게 명확하게 전달할 수
   있을까?

 **한 주의 목표**

이번 주에 나는 나의 내부에서 어떤 일이 일어나는지를 의식적으로
주목할 것이다.

나는 내 감정과 욕구를 인지하고, 그 구체적인 내용을 파악하여 그것
을 일기에 적어 둘 것이다.

그것을 기록함으로써 나는 직접적인 감정과 그 배후에 있는 욕구의
차이를 더 쉽게 인식할 수 있을 것이다.

# 제48화

## 충고가 충고답기 위해서는

"선의의 충고는 그것을 받아들일 자세가 된
자들에게만 환영받는다."

새 한 마리가 히말라야의 산기슭 어느 나무에 탄탄한 둥
지를 지었습니다. 장마철에도 둥지는 폭우를 견뎌 냈습니
다. 새는 자신의 노고가 보상받았다는 사실에 매우 기뻤습
니다.

어느 날 새는 온몸이 젖어 떨고 있는 원숭이가 비를 피하
려고 나무 아래 앉아 있는 모습을 보았습니다. "이보세요,
당신은 비에 흠뻑 젖어 있군요. 어째서 당신은 사람들처럼
하지 않나요? 머리 위에 지붕을 짓든지, 아니면 오두막을
지으면 더 좋을 텐데요." 새가 원숭이에게 말했습니다.

원숭이는 나무 위의 새를 올려다보며 대답했습니다. "물
론 나도 사람들처럼 두 발로 달릴 수 있고, 물건도 손으로
잡을 수 있단다. 하지만 유감스럽게도 인간들처럼 영리하

지 않아."

"뭐라고요? 당신도 좀 노력하면 당신을 위한 집을 지을 수 있어요. 뭘 망설이나요?" 새는 원숭이에게 원기를 북돋아 주기 위해 말했습니다.

이 말을 듣고 비에 젖어 떨고 있던 원숭이는 은근히 화가 치밀어 올랐습니다. 원숭이는 잠시 생각에 잠겼습니다. "아는 체하는 녀석이 저기 나무 꼭대기에 앉아 있구먼. 그래, 네가 말을 잘하는 이유는 나뭇잎 아래 둥지에 들어가 비를 잘 피하고 있기 때문이야. 네게 뭔가 보여 줄게!"

원숭이는 화가 나서 씩씩거리며 나무 위로 기어 올라가, 호통을 치며 새의 둥지를 갈기갈기 찢어 버렸습니다. 새는 두려워서 멀리 날아가 버렸습니다.

**개인적인 일화**

모두가 수없이 많은 주제에 대해 나름의 견해를 갖고 충고를 합니다. 특히 이제 막 아기를 갖게 된 부모에게는 원치 않는 충고가 사방에서 끊임없이 쏟아집니다. 예컨대 저의 한 여자 친구가 첫아기를 가졌었는데, "넌 이렇게 해야만 해" 등 온갖 충고가 끊일 날이 없었습니다. 시부모와 친척은 물론 다른 엄마들, 심지어 전혀 모르는 사람조차 그녀의 육아 문제에 관여했습니다.

저는 이에 대해 다음과 같이 말했습니다. "불안해하지 말고, 선의의 조언도 가끔은 흘려 넘기도록 해." 어느덧 그녀의 아이는 다섯 살이 되었고, 아주 훌륭하게 성장했습니다.

**되돌아보기**

○ 결국 나는 다른 사람에게 어떤 충고를 주었고 또는 받았을까?

○ 나는 다른 사람에게 듣기 싫어하는 충고를 종종 하는가? 그렇다면 왜 그렇게 하는 것인가? 이것이 다른 사람들에게 어떤 반응을 일으킬까?

○ 나 자신이 원하지도 않는 충고를 받으면 어떻게 반응
  할까?

 **한 주의 목표**

이번 주에 나는 좀 더 침착하게 지내기 위하여, "화내지 말고 다만
감탄하라" 또는 "나는 나 자신의 주인공이다"와 같은 개인적인 만트
라*를 만들 것이다.

나는 원치 않는 충고를 받을 때마다, 오히려 이것을 마음속으로 암송
할 것이다.

---

\* 　만트라(Mantra): 산스크리트어로 명상 또는 수행 중에 반복하는 단어나
　　구절, 주문을 말한다.

제49화

# 재난을 피하는 법

"때로는 작은 문제를 가지고 사는 것이
더 나을 때가 있다."

옛날 옛적의 숲속에서 호랑이와 사자가 횡포를 부렸습니다. 그들은 단순히 즐기기 위해 다른 동물들을 사냥하고 죽여 숲속을 불안과 공포의 도가니로 만들었습니다. 그들은 많은 동물을 죽이고 먹지 않은 채 그대로 두었습니다. 부패한 시신의 고약한 냄새가 전체 숲으로 퍼지곤 할 정도였습니다.

사람들은 숲을 피해서 다녔는데, 그들은 호랑이와 사자의 위험을 알고 있었기 때문이었습니다. 그 누구도 감히 숲에서 나무를 베거나 땅을 경작하려 하지 않았습니다. 그런데 숲에는 두 나무의 신도 살고 있었습니다. 그들은 이 상황에 관해 대화를 나누었습니다.

"사자와 호랑이가 정말 내 인내심을 건드리고 있어요. 그들은 먹지도 않는 동물의 시신으로 우리의 숲을 더럽히고 있어요. 그 둘을 쫓아냅시다!" 나무 신 중 하나가 이렇게 제안했습니다.

하지만 다른 나무 신은 반박했습니다. "당신이 분노하는 이유를 잘 이해합니다. 그러나 사람들 역시 그들을 멀리한다는 점을 명심해야 합니다. 당신이 사자와 호랑이를 쫓아 버리면, 사람들은 조만간 그들이 사라졌다는 사실을 알아차리고, 우리의 숲을 침범할 것입니다. 최악의 경우 우리의 사랑하는 나무들을 베어 버리고, 숲을 경작지로 만들지도 모릅니다."

이 말이 이치에 맞아서, 첫 번째 나무 신은 사태를 일단 방치하기로 하였습니다.

하지만 얼마 지나지 않아 호랑이와 사자의 행동은 첫 번째 나무 신을 너무 화나게 했고, 그는 사태를 감정적으로 처리했습니다. 그는 마법으로 무서운 귀신을 불러내 호랑이와 사자를 결국 숲 밖으로 쫓아냈습니다.

마침내 다른 나무 신이 경고했던 일이 벌어지고 말았습니다. 사람들이 두 맹수가 사라졌다는 사실을 알아차리고, 나무를 자르고 숲을 개간하기 시작한 것입니다.

"아, 이런! 내가 무슨 일을 벌인 거지? 나무가 없어지면 우리의 생명의 공간도 잃게 될 텐데. 이제 어쩌면 좋을까요?" 첫 번째 나무 신이 다른 나무 신에게 물었습니다.

"호랑이와 사자는 다른 숲 지대로 이주했어요. 그들을 이쪽으로 돌아오도록 설득해 보세요." 다른 나무 신이 제안했습니다.

그래서 첫 번째 나무 신은 호랑이와 사자를 찾아가 다시 돌아오도록 부탁했지만 두 맹수가 거절했습니다. 그렇게 며칠이 더 지나갔습니다. 그러자 사람들은 숲속의 모든 나무를 잘라 버렸고, 숲을 경작지로 개간했습니다. 두 나무 신은 새로운 거처를 찾아 떠나지 않을 수 없었습니다.

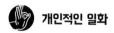 **개인적인 일화**

생일 선물로 무선 전자 줄톱을 받았습니다. 저는 훌륭한 도구를 소유하는 것을 좋아합니다. 잘 갖추어진 작업장을 가질 때야 비로소 저는 스스로를 진짜 남자로 느낍니다. 늘 많은 장비를 이용하지는 않더라도, 저는 새로운 도구와 새로운 작업을 즐깁니다. 테이블 다리 하나가 너무 짧아서 그 밑에 종이 깔개를 끼워 두었지만, 오랫동안 이런 임시 조치가 신경에 거슬렸습니다. 그래서 저는 나머지 다리 세 개마저 줄이기 시작했지요. "젠장, 내가 주제넘은 짓거리를 했잖아!" 이제는 테이블이 더 심하게 흔들리는 것이었습니다. 옛 장인이 "세 번 톱질했어도 여전히 너무 짧다"라고 한 금언처럼 일이 되어 버렸습니다. 저는 결국 테이블을 교체하고 말았습니다.

 **되돌아보기**

○ 언제 주어진 과제가 나를 예민하게 만들고, 언제 그것이 나를 긍정적인 의미로 자극할까?

○ 내가 해결했지만, 그 대신 더 크게 확장된 문제는 어떤 것일까?

○ 모든 일은 완벽해야만 하는가, 아니면 관대하게 넘어
  갈 수도 있을까?

 **한 주의 목표**

이번 주에 나는 몇 년 동안 나를 방해해 온 일이나 문제를 확인해 볼
것이다.
이와 관련하여 내게 문제가 있다면 어떻게 나의 태도를 바꿀 수 있
을지 신중히 검토할 것이다.
또는 그런 일이나 문제를 어떻게 구체적으로 해결할 수 있을지를 결
정할 것이다.

# 제50화

## 비범한 친구들

"우정은 아주 여러 상황에서 생겨날 수 있다."

어느 고독한 숫염소는 산에서 더 이상 먹을 것을 찾을 수 없어서 인근 도시로 떠났습니다. 그곳에 도착하자마자 벌써 풀 냄새가 풍겨왔습니다. 숫염소는 그 냄새를 쫓아 헛간까지 갔습니다. 헛간에는 소와 말, 코끼리가 줄지어 묶여 있었습니다. 물론 숫염소는 그들이 묶여 있는 것이 마음에 들지 않았지만, 그들 앞에는 부드러운 풀들이 수북이 쌓여 있었습니다. 숫염소는 즉시 그리로 가서, 그들과 마찬가지로 풀을 먹기 시작했습니다. 하지만 관리인이 근처에 있으리라곤 미처 생각하지 못했습니다.

"허허, 이 염소 좀 보게, 지금 무슨 짓을 하는 거야? 여기는 네가 올 곳이 아니야!" 관리인이 이렇게 소리치곤, 몽둥이를 들어 염소의 등과 엉덩이를 때렸습니다.

숫염소는 헛간에서 도망쳐 나와, 아픈 등을 구부린 채 성벽에 기대고 있었습니다.

같은 시간 깡마른 개 한 마리가 궁전 앞을 이리저리 서성이고 있었습니다. 그러다가 살짝 열린 문을 통해 부엌에 들어갔는데, 식탁 위 고기가 들어 있는 접시가 눈에 띄었습니다. 개는 식탁으로 껑충 뛰어가, 고기를 덥석 물었습니다. 이때 요리사가 부엌으로 들어오더니, 밀대를 손에 쥐고 개를 쫓아냈습니다. 개는 여러 차례 얻어맞고, 입에 문 고기마저 떨군 채 달아났습니다. 이윽고 개는 성문에 도달하여 등을 구부린 채 땅바닥에 누웠습니다.

이때 숫염소가 물었습니다. "이보게 친구, 자네는 왜 등을 구부리고 있는가?"

개는 몸을 돌리고 숫염소에게 반문했습니다. "이보게 친구, 내가 보니 자네도 등을 구부리고 있구먼. 배에 가스라도 찼는가?"

그들은 서로 자기에게 일어났던 일을 이야기하기 시작했습니다. 그러다가 숫염소가 개에게 궁금한 점을 물었습니다. "자네, 이제 어떻게 할 거지? 다시 부엌에 가볼 용기가 있는가?"

"자네 생각은 어때? 나는 생명까지 걸고 싶지 않네." 개가 이렇게 대답하고는 되물었습니다. "그렇다면 자네는 앞으로 어떻게 할 셈인가? 풀을 먹으려고 다시 헛간에 가겠는가?"

"아니, 그런 일은 없을걸세. 나도 생명까지 걸고 싶지는 않으니까 말일세." 숫염소가 대답했습니다.

둘 다 한숨을 쉬었지만, 도무지 뾰족한 수가 없었습니다. 이때 숫염소에게 불현듯 기발한 생각이 떠올라, 개에게 말했습니다. "우리 서로 돕기로 하세. 자네는 나 대신 헛간으로 가는 걸세. 관리인은 개가 풀을 먹을 리 없으니 자네를 주시하지 않을 걸세. 반면에 나는 자네 대신 부엌으로 가는 거지. 알다시피 염소가 고기를 먹을 리가 없으니까 말이네. 아무도 나를 눈여겨보지 않을 때, 내가 고기를 자네에게 가져오겠네."

"좋아, 그렇게 하세!" 개가 동의했습니다. 개는 즉시 헛간으로 가서, 입으로 풀을 한 뭉치 물어왔습니다. 숫염소는 부엌으로 달려가, 고기 한 조각을 덥석 물고 왔습니다. 숫염소와 개는 성문에서 다시 만나, 가져온 음식을 서로 교환했습니다. 그때부터 이 어울리지 않는 한 쌍은 사이좋게 상부상조하며 살았습니다.

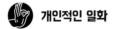
매주 베를린에서 베아와 저는 파티를 통해 우정을 쌓았습
니다. 베아와 저는 자주 만나 파티에 참석했고, 어떤 때는
밤을 지새우곤 했습니다. 그런데 제가 그녀의 집을 찾아갈
때마다, 그녀의 남자친구 팀은 제게 눈을 부릅떴습니다. 제
가 볼 때 이런 사태가 앞으로 더 험악해지리라는 것은 뻔했
습니다. 언젠가 낮 동안 기분 전환을 위해 어느 멋진 카페
에서 베아를 만나기로 했을 때, 우리 둘 다 서로 할 말이 별
로 없다는 것을 확인했습니다. 그 후로 우리의 우정은 빠르
게 식고 말았습니다.

 **되돌아보기**

○ 나는 어떤 사람과 말을 하지 않고 있어도 불편을 느끼
  지 않을까?

○ 나의 우정 관계는 근본적으로 어떤 모습일까? 친밀한
  우정과 일시적인 지인 사이의 관계가 균형을 이루고
  있을까?

○ 나의 삶에서 단지 특정한 이유만으로 친하게 지내는

사람들이 있을까?

 **한 주의 목표**

이번 주에 나는 친구 관계를 더 돈독하게 하고 싶다.

나는 친구에게 새로운 어떤 일을 함께 도전해 보기를 제안할 것이다.

이로부터 우리는 어떤 확실한 계획을 실행할 것이다.

예컨대 매달 한 번 시내에서 새로운 영화를 보거나 박물관, 카페 또는 유명한 식당을 찾아갈 것이다. 아니면 미지의 장소로의 산책, 자전거 여행, 스포츠 등을 해볼 것이다.

# 제51화

## 원숭이의 심장

"신속하고 현명하게 행동할 수 있다면,
예기치 않은 사건에도 잘 대처할 수 있다."

갠지스강에 한 쌍의 악어가 살고 있었습니다. 어느 날 암컷 악어가 남편에게 말했습니다. "저기 물가에 있는 원숭이가 보이죠? 뭔가 새로운 음식을 먹고 싶어요. 저 원숭이의 심장이 제일 먹고 싶어요."

"알았어, 여보. 내가 원숭이를 등에 오르도록 유인해서 물속으로 들어가 익사시킬게. 그러면 당신은 원숭이의 심장을 먹을 수 있어." 수컷 악어가 말했습니다.

수컷 악어는 물가로 헤엄쳐 다가가 원숭이에게 외쳤습니다. "여보게 원숭이 친구! 강 한가운데 작은 섬이 있다네. 그곳에는 아주 많은 망고나무와 사과나무가 자란다네. 이리 와서 내 등에 오르게, 내가 그 섬에 데려다 줄 테니."

"정말 좋은 생각이야"라고 원숭이는 반색하며 대답했습

니다.

귀한 과일을 먹을 상상만 해도 너무 즐거워서, 원숭이는 물가에서 달려와 악어 등에 얼른 올랐습니다. 악어는 조금 헤엄쳐 가더니 곧 물속으로 잠수하기 시작했습니다.

"어이, 뭐 하는 거야? 어째서 잠수하는 거지?" 원숭이는 놀라 몸을 일으켰습니다.

"너를 익사시키려는 거지. 그러면 내 아내가 네 심장을 먹을 수 있어." 악어는 이렇게 말하며 낄낄 웃었습니다.

궁지에서 원숭이는 얼른 묘안을 생각해 냈습니다.

"하지만 지금 심장이 나한테 없어!"라고 원숭이가 외쳤습니다. 이 말에 악어는 잠시 멈췄습니다.

"아니, 그렇다면 네 심장을 어디에 두었단 말이야?" 악어는 그게 사실인지 캐물었습니다.

"저 위 무화과나무 위에 매달려 있는 게 보이지 않아?" 원숭이가 물가 쪽을 가리켰습니다.

"좋아, 네가 그걸 내게 주기만 한다면, 너를 그곳으로 데려다주지." 악어가 말했습니다.

"그래, 그럼 내가 그걸 줄게" 하고 반쯤 물에 젖은 원숭이가 약속했습니다.

악어는 물속에서 나와, 원숭이를 등에 태우고 다시 물가로 헤엄쳐 갔습니다. 물가에 도착하자 원숭이는 폴짝 뛰어내려, 무화과나무 위로 기어 올라가 사라졌습니다. 악어는 어리둥절한 모습으로 물가에 남았습니다.

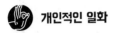 

크리스마스 직전의 일이었습니다. 한 젊은 여자가 두 살쯤
된 아이를 데리고 지하철 에스컬레이터 앞에서 서투른 독
일어로 내게 말을 걸었습니다. 저는 동전 몇 개라도 주려
고 호주머니를 뒤졌지만 하나도 없었습니다. 제가 당황하
여 떠나려고 할 때, 그녀는 아이를 위한 기저귀와 유아식이
필요하다며 내게 매달렸습니다. 연민과 부끄러움이 뒤섞인
채 저는 그녀의 청을 수락했고, 우리는 가까운 슈퍼마켓으
로 함께 갔습니다.

여자는 쇼핑 카트를 잡았고, 아이는 제 손을 잡았습니다.
아이가 순수하고 동그란 눈으로 저를 쳐다보았을 때, 저는
이 아이에게서 빠져나올 수 없을 것 같았습니다. 곧 계산대
에서 쇼핑 카트를 가득 채운 아이 엄마를 만났습니다. 사실
놀랐지만, 저는 태연한 척하면서 쇼핑 비용 전액을 계산했
습니다. 이렇게 함정에 빠진 자신에 대한 분노는 사람들이
거칠고 냉정한 세상에서 어떻게 생계를 유지해야 하는지
에 대한 생각으로 점차 바뀌었습니다.

 **되돌아보기**

ㅇ 내 주변에서 무엇인가 갑자기 변화하는 경우, 나는 느

리게 반응할까 아니면 빠르게 반응할까? 이럴 때 나는 다른 사람들에게 의존할까 아니면 전적으로 나 자신에게 의존할까?

○ 어떤 일이 나를 최근에 완전히 깜짝 놀라게 했을까? 이런 상황에서 나는 어떻게 반응했을까?

○ 근본적으로 일을 더 천천히 결정하는 것이 좋을까, 아니면 더 빨리 결정하는 것이 좋을까?

 **한 주의 목표**

이번 주에 나는 '빠른 결정 대 느린 결정'이라는 실험을 볼 것이다.

어느 날은 번개 같은 속도로 내 직감에 따라 결정을 내릴 것이다.

또 어느 날은 결정을 더 오래 끌거나 잠시 지연할 것이다.

일주일 동안 나는 두 가지 행동 모델을 번갈아 실행할 것이다. 그런 다음 나는 무엇이 내게 더 좋았는가를 결론적으로 판단할 것이다.

# 제52화

## 물뿌리개를 손에 쥔 원숭이

"아무리 선한 의도일지라도 근시안이면 해가 된다."

아말이라는 소년은 왕실 공원 정원사의 제자로 일을 하고 있었습니다. 공원에는 예쁘게 지저귀는 새들 외에 많은 원숭이도 살고 있었지요. 정원사는 가로수길을 따라서 다채로운 장미화단을 가꾸었습니다. 아말은 어린나무에 물을 주는 일을 주로 맡고 있었습니다.

왕이 수도에서 축제를 개최했을 때, 정원사는 다른 주민들처럼 이 축제에 참석하고 싶었습니다. 그래서 그는 공원을 돌보는 책임을 아말에게 맡겼습니다.

하지만 아말도 축제에 가고 싶었습니다. 그래서 그는 그곳에 살고 있던 우두머리 원숭이를 찾아가서 이렇게 부탁했습니다. "너희는 이 정원에 살면서 이곳에서 과실들을 먹고 살잖니. 그러니 너희에게도 이곳 나무들이 잘 자라는 게 중요하지 않아? 오늘 시내에서 축제가 있는데, 나도 거기 가고 싶단다. 내가 돌아올 때까지, 너희가 나 대신 어린나무에 물 좀 뿌려 줄 수 있겠지?"

나이가 가장 많은 우두머리 원숭이는 대답했습니다. "그야 물론이지. 우리가 그 일을 해 줄게."

"정말 고마워! 여기 너희가 사용할 도구들이 있어." 아말은 미소를 지으며 원숭이 우두머리에게 물통과 물뿌리개, 호스를 보여 주었습니다.

우두머리 원숭이는 즉시 원숭이들에게 어린나무에 물을 뿌리라고 지시했습니다. 원숭이들이 물통을 쥐고 바로 일에 착수하려고 했을 때, 우두머리 원숭이가 크게 외쳤습니다. "잠깐, 내 말을 잘 들어봐! 물이 소중하니 아껴야 해. 어린나무에 물을 뿌리기 전에, 나무를 뽑아서 그 뿌리의 길이를 살펴봐. 뿌리가 긴 나무에는 물을 많이 뿌리고, 뿌리가 짧은 나무에는 물을 조금만 뿌려야 해."

원숭이들은 고개를 끄덕이고, 그들의 우두머리가 시킨 대로 나무를 뽑고, 뿌리에 물을 뿌리기 시작했습니다.

축제에서 돌아온 아말은 다음 날 경악하지 않을 수 없었습니다. 공원에 있는 어린나무들이 모두 뿌리가 뽑혀 죽어 버렸기 때문입니다.

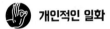 

저는 결혼 입회인으로서 결혼식을 위해 특별한 것을 생각해내고 싶었습니다. 극동 문화권에 대한 저의 관심으로 이른바 풍등을 인터넷에서 주문했습니다. 행복과 소망을 염원하는 풍등은 아주 작은 열기구처럼 작동합니다.

저는 결혼식 손님들에게 신부와 신랑에 대한 마음의 소망을 카드에 적어 풍등에 묶은 다음, 공중으로 날리라고 알려주었습니다. 많은 불빛이 밤하늘로 떠오르고, 급기야 점점 작아지다가 꺼지는 감동적인 순간을 우리는 맞이했습니다. 하지만 당시에는 이 날아다니는 화염이 얼마나 위험할 수 있는지, 그리고 이것이 전 독일에 명시적으로 금지되어 있다는 사실을 알지 못했습니다. 얼마 후 저는 신문에서 동물원의 원숭이 우리가 섣달그믐날에 이런 풍등에 의해 불탔다는 기사를 읽었습니다. 약 50마리의 원숭이가 이 화재로 죽었다고 합니다.

 **되돌아보기**

- 누군가가 좋은 의도를 가지고 있음에도 문제를 일으켰을 때, 나는 어떻게 대처할 수 있을까?

○ 나는 좋은 의도라도 남에게 해를 입히는 어떤 일을 한 적이 있었을까?

○ 만일 나의 행동이나 결정에 대해 언제나 즉각적인 결과가 나타난다면, 내 행동은 과연 어떻게 바뀔까?

 **한 주의 목표**

---

다른 사람에게 나는 종종 화가 치밀어 오를 때도 있습니다. 하지만 나는 우리가 모두 서로 다른 욕구를 지니고 있어도 근본적으로 같은 것, 즉 다른 사람을 해치지 않고 행복하게 살아가기를 원한다고 생각합니다.

나는 다른 사람들과의 관계에서 내가 무조건 중심에 있는 것이 아니라는 점을 분명히 할 것입니다.

그래서 다른 관점에서 자주 사물을 바라보고, 더 많이 관찰하려고 노력할 것입니다. 반면에 해석하거나 판단하는 행위는 가능한 한 삼가려고 합니다.

## 에필로그

　이야기에 나오는 왕실 공원의 나무들처럼, 인간은 누구나 자기 뿌리, 무엇보다 자신의 기원과 특징, 환경을 통하여 삶에 깊이 정착해 있습니다. 이 뿌리는 다양한 방향으로 퍼져나가, 공생 관계를 형성하면서 상상할 수 있는 것보다 더 멀리 뻗어 나갑니다.


　나는 내 삶에 대해 전적으로 책임을 지고 있을까?

　나는 나 자신의 행복을 만들어 내는 대장장이일까?

* 이 책이 얼마나 마음에 드셨나요.

의견을 저와 공유하고 저에게 이메일을 보내 주세요.

이메일 주소: info@rohansverlag.de.

Originaltitel

1. Daddabha Jataka (#322)

2. Maha-Ummagga Jataka (#546)

3. Apannaka Jataka (#1)

4. Serivanija Jataka (#3)

5. Cullaka-Setthi Jataka (#4)

6. Lakkhana Jataka (#11)

7. Makasa Jataka (#44)

8. Kharadiya Jataka (#15)

9. Sasa Jataka (#316)

10. Kancanakkhandha Jataka (#56)

11. Bherivada Jataka (#59)

12. Kuddala Jataka (#70)

13. Varana Jataka (#71)

14. Vannupatha Jataka (#2)

15. Rukkhadhamma Jataka (#74)

16. Nandivisala Jataka (#28)

17. Suvannahamsa Jataka (#136)

18. Sigala Jataka (#148)

19. Ekapanna Jataka (#149)

20. Sanjiva Jataka (#150)

21. Giridanta Jataka (#184)

22. Kamanita Jataka (#228)

23. Kimsukopama Jataka (#248)

24. Vatagga-Sindhava Jataka (#266)

25. Kalayamutthi Jataka (#176)

26. Mahisa Jataka (#278)

27. Javasakuna Jataka (#308)

28. Sujata Jataka (#352)

29. Varuni Jataka (#47)

30. Karandiya Jataka (#356)

31. Saliya Jataka (#367)

32. Bhisapuppha Jataka (#392)

33. Dasannaka Jataka (#401)

34. Mahasuka Jataka (#429)

35. Padakusalamanava Jataka (#432)

36. Cakkavaka Jataka (#434)

Deutsche Übersetzungen von Dr. Julius Dutoit

Band I (Jātakas 1-150), Lotus-Verlag, Leipzig 1908.

Band II (Jātakas 151-300), Lotus-Verlag, Leipzig 1909.

Band III (Jātakas 301-438), Lotus-Verlag, Leipzig 1911.

Band IV (Jātakas 439-510), Radelli & Hille, Leipzig 1912.

Band V (Jātakas 511-537), Radelli & Hille, Leipzig 1914.

Band VI (Jātakas 538-547), Radelli & Hille, Leipzig 1916.